**ALEXANDRE BRUNEY**
**GAËTAN LEFEBVRE**



Préface de **Laurent Vimont**,
président de Century 21 France

# IMMOBILIER INVESTIR MALIN POUR PRÉPARER L'AVENIR

Vuibert

Couverture : Valérie Le Roux
Photos de couverture : Alexandre Bruney et Gaëtan Lefebvre
Conception graphique et mise en page : Sébastienne Ocampo

ISBN : 978-2-311-62450-2


5, allée de la 2e DB, 75015 Paris
Site Internet : www.vuibert.fr

*À Solène et Nathan,*
*Notre présent pour leur futur.*

# BONUS

Vous souhaitez poursuivre l'aventure de l'investissement immobilier avec la communauté Facebook des lecteurs d'*Immobilier : investir malin pour préparer l'avenir* ?

Rien de plus simple : il vous suffit de scanner ce QR code !

Vous pourrez alors faire partie de la communauté des lecteurs pour partager conseils, astuces et retours d'expérience.... et bénéficier d'un bonus supplémentaire.

1. Rendez-vous sur le lien : www.lienmini.fr/immo-malin-Bonus
2. Remplissez le formulaire pour faire partie de la communauté des lecteurs.
3. Découvrez le bonus !

# SOMMAIRE

## CHAPITRE 8
## ET MAINTENANT, COMMENT RÉUSSIR LA LOCATION DE SON BIEN ?

# RESSOURCES COMPLÉMENTAIRES

## EN BONUS

Retrouvez au fil du livre des vidéos et contenus complémentaires sous forme de 28 QR codes à flasher. Vous pouvez également y accéder grâce aux adresses ci-dessous.

1. La Bourse, p. 24 : www.lienmini.fr/immo-malin1
2. L'assurance-vie, p. 28 : www.lienmini.fr/immo-malin2
3. L'immobilier, p. 31 : www.lienmini.fr/immo-malin3
4. Le dispositif Pinel, p. 43 : www.lienmini.fr/immo-malin7
5. Les biens d'habitation anciens (dispositif Denormandie), p. 46 : www.lienmini.fr/immo-malin4
6. Les locations courte durée, p. 53 : www.lienmini.fr/immo-malin5
7. Les logements étudiants, p. 58 : www.lienmini.fr/immo-malin6
8. Les caves, p. 61 : www.lienmini.fr/immo-malin8
9. Les souplex, p. 64 : www.lienmini.fr/immo-malin9
10. Les EHPAD, p. 67 : www.lienmini.fr/immo-malin10
11. Les immeubles de rapport, p. 69 : www.lienmini.fr/immo-malin11
12. Les murs commerciaux, p. 73 : www.lienmini.fr/immo-malin12
13. Quel avenir pour les murs commerciaux ?, p. 73 : www.lienmini.fr/immo-malin13
14. Les SCPI, p. 79 : www.lienmini.fr/immo-malin14
15. Investir en Thaïlande, p. 82 : www.lienmini.fr/immo-malin15
16. Investir au Portugal, p.82 : www.lienmini.fr/immo-malin16
17. Les colocations, p. 85 : www.lienmini.fr/immo-malin17
18. La division des biens, p. 91 : www.lienmini.fr/immo-malin18
19. L'achat/revente, p. 94 : www.lienmini.fr/immo-malin19
20. Les mobil-homes, p. 97 : www.lienmini.fr/immo-malin20
21. Le démembrement temporaire, p. 105 : www.lienmini.fr/immo-malin21
22. Investir en démembrement, p. 105 : www.lienmini.fr/immo-malin22
23. Le crowdfunding immobilier, p. 109 : www. lienmini.fr/immo-malin23
24. Le rendement locatif, p. 130 : www.lienmini.fr/immo-malin24
25. Bien acheter et bien vendre, p. 140 : www.lienmini.fr/immo-malin27
26. Les biens avec travaux, p. 142 : www.lienmini.fr/immo-malin25
27. Avoir la positive attitude, p. 154 : www.lienmini.fr/immo-malin26
28. Calculer le rendement locatif, p. 206 : www.lienmini.fr/immo-malin28

# PRÉFACE

**Investir malin dans l'immobilier : un pléonasme !**

Pas une soirée (ou presque) sans que l'un des convives ne parle immobilier. Normal : l'expression ne dit-elle pas que nous sommes nés avec « une brique dans le ventre » ?

Sans doute parce que la pierre est palpable, concrète, qu'avoir un toit sur la tête répond à ce besoin primaire de sécurité que nous avons tous, l'immobilier se pare d'atours qu'aucun autre placement ne peut présenter.

À la question qui m'est souvent posée « faut-il investir dans l'immobilier ? », je réponds donc résolument oui ! Cette réponse, sans doute, ne surprendra pas de la part d'un président de réseau immobilier, mais permettez-moi de vous en donner les raisons fondamentales.

À quelques exceptions près, le premier investissement « malin » à envisager dans l'immobilier est l'achat de sa résidence principale. C'est, ce faisant, une manière d'arrêter de dépenser de l'argent tous les mois dans un bien qui ne vous appartiendra jamais, et de choisir de reverser cette même somme d'argent dans le remboursement d'un crédit qui vous permettra, à terme, de vous constituer un patrimoine.

Et même si vous vendez votre logement avant d'arriver au terme du remboursement de votre crédit, cette partie de l'emprunt que vous aurez eu le temps de rembourser constituera un capital pour votre projet futur. Toutes les mensualités que vous aurez versées seront autant d'argent que vous aurez mis de côté, tel une épargne forcée. Bien sûr, ces mensualités auront partiellement contribué à payer des intérêts d'emprunt, mais *in fine*, grâce à l'investissement que vous aurez fait dans l'acquisition de votre résidence principale, vous posséderez à la revente un capital que vous n'aurez jamais eu en étant locataire.

Aussi, avis aux jeunes : malin celui qui investit tôt dans l'immobilier. Il se constitue un bas de laine qu'il pourra ainsi longuement faire fructifier.

Investir malin, c'est donc en premier lieu (hors contexte personnel très particulier) acquérir sa résidence principale… Et envisager très vite la suite.

Pensez à réaliser un investissement locatif, et ce même si vous n'êtes pas propriétaire de votre résidence principale.

Dans une société qui bénéficie d'un allongement de l'espérance de vie, où les inquiétudes liées aux retraites sont prégnantes et l'avenir du système de solidarité par répartition incertain, il est nécessaire d'anticiper demain. L'investissement locatif prend alors tout son sens.

Les taux de crédit actuels sont très bas. Et même s'ils remontent légèrement, ils avoisinent des niveaux planchers. À ceci s'ajoute un atout majeur, le fait qu'en France, il n'existe AUCUNE BULLE SPÉCULATIVE SUR LE LOGEMENT. En majuscules, oui ! Je l'affirme haut et fort et m'insurge contre toutes ces Cassandre de l'immobilier qui déversent des prévisions apocalyptiques depuis plus d'une décennie sans jamais confronter leurs prévisions avec la réalité.

La situation immobilière en France est saine, les taux actuels sont très avantageux et permettent de passer du « je veux » à « je peux ». Le contexte pour investir est donc très favorable, que l'on adopte une vision à court terme (les taux ne resteront pas éternellement aussi bas) ou à long terme.

L'investissement locatif s'apparente à une nouvelle forme d'assurance-vie, à ceci près que ce placement est moins sensible aux évolutions erratiques de la Bourse. Et il répond à plusieurs aspirations :

- Se constituer un patrimoine que l'on pourra éventuellement transmettre à ses enfants.
- Bénéficier d'une rente, une fois l'emprunt remboursé, qui améliore ses revenus et permet de vivre plus confortablement (notamment à l'âge de la retraite).
- Capitaliser via cette épargne forcée et envisager même une plus-value à la revente.

Il a surtout un avantage de taille que nul autre ne possède : c'est le seul placement que vous pouvez vous constituer par emprunt. Et cet emprunt est remboursé en partie par le locataire. À terme, vous vous êtes constitué un patrimoine et une rente mensuelle.

Je concluerai cette préface en me permettant de vous apporter plusieurs conseils que je tire de 36 ans de carrière dans l'immobilier :

- Ne visez pas une rentabilité colossale et immédiate : en immobilier, misez sur le long terme.
- Assurez-vous qu'il existe un marché locatif dans le secteur où vous souhaitez investir.
- Visitez toujours le bien avant de l'acheter et l'environnement dans lequel il s'inscrit.
- Optez pour un logement dans lequel vous pourriez vous-même accepter de vivre.
- Réalisez les travaux nécessaires pour que ce bien soit attractif.
- Fixez un loyer considéré comme juste en tant que locataire (un professionnel pourra vous aider à déterminer ce prix).
- Confiez votre bien à un gestionnaire qui vous libérera de toutes les démarches administratives et financières parfois pesantes.
- Ne mettez pas toute votre épargne dans cet investissement : gardez toujours une poire pour la soif.

C'est à cette condition qu'investir malin dans l'immobilier devient un pléonasme ; ce guide vous donnera toutes les ficelles pour faire de ce projet une réalité !

**Laurent VIMONT,**
président de Century 21 France

---

Après avoir exercé la profession de maître-nageur, **Laurent Vimont** débute sa carrière dans l'immobilier en 1984 au sein de l'agence CERIM, qui deviendra la première agence franchisée Century 21 en France. En 1987, lorsque Century 21 s'implante dans l'Hexagone, il rejoint le fondateur de Century 21 France, Michel Trollé. Il consacre sa carrière à Century 21 France, occupant tour à tour les fonctions de marketing consultant, consultant, group manager, directeur exécutif, directeur de la vente de franchises. Au sein des filiales de Century 21 France, il exerce les fonctions de président-directeur général de HomeVillage (plateforme internet immobilière) et de président de la société NAXOS (SSII). Il devient vice-président puis, en 2009, président de Century 21 France. Le réseau fédère aujourd'hui 902 agences et regroupe 7 012 professionnels. Century 21 France est une filiale du groupe Nexity depuis 2008.

# INTRODUCTION

« Toute personne qui investit dans un bien immobilier attentivement sélectionné, dans un quartier en croissance d'une ville prospère, adopte la méthode la plus sûre pour devenir indépendant financièrement, parce que l'immobilier est à la base de la richesse. » Cette citation inspirante de Théodore Roosevelt résume bien la puissance de l'investissement immobilier, si tant est que les précautions de base aient bien été prises.

Cet ouvrage n'est pas le premier sur l'investissement immobilier, mais il se singularise par sa genèse et son côté pratique. Vous y trouverez les dernières réglementations en vigueur, 25 idées d'investissement et la prise en compte des effets de la crise sanitaire de 2020. Toutes les étapes requises pour parvenir à vous constituer un patrimoine immobilier pour aujourd'hui et demain y sont décrites de manière méthodique et détaillée.

Pourquoi l'immobilier est-il le seul moyen de s'enrichir sans apport ? Quel type d'investissement choisir en fonction de votre situation ? Comment trouver les bonnes affaires et choisir la meilleure ? Comment franchir le pas ? Comment réussir vos négociations ? Comment éviter les pièges ? Comment convaincre votre banquier ? Comment gérer vos biens au quotidien ? Telles sont les questions que chacun se pose avant de se lancer dans l'aventure.

Mais avant tout, pourquoi partager ces informations, techniques et stratégies autour de l'investissement immobilier ?

Cet ouvrage naît d'abord du constat lié aux difficultés de financement des retraites. En effet, les projections établies régulièrement par le Comité d'orientation des retraites augurent d'importantes difficultés à satisfaire le paiement des pensions des futurs retraités dans les trente années à venir. Face à ce réel danger, nous avons décidé d'appliquer le principe de précaution et de prendre notre destin en main en constituant, personnellement, notre propre retraite par capitalisation. Par ailleurs, la précarisation de la société peut conduire certains d'entre nous à trouver d'autres sources de revenus afin de vivre plus confortablement, nous et notre famille, aujourd'hui et dans le futur.

Cet ouvrage naît ensuite d'une rencontre entre deux hommes partageant ce constat et voulant transmettre les clés qui permettront à tout un chacun de se constituer un patrimoine immobilier et de devenir indépendant financièrement.

Aujourd'hui, beaucoup travaillent pour vivre et non l'inverse. Notre éducation s'appuie généralement sur le fameux « il faut bien travailler à l'école pour faire ce que l'on veut plus tard ». C'est en partie vrai, naturellement, mais une chose essentielle ne s'apprend malheureusement pas à l'école : gérer son argent et développer son patrimoine immobilier, en appliquant une hygiène financière irréprochable. C'est dans cette optique que nous vous livrons les méthodes pour y parvenir.

Même dans un monde complexe et incertain, dont il est parfois difficile de comprendre la logique, des opportunités existent. Il suffit de les provoquer, de les saisir et de les concrétiser. Forts de nos expériences dans ce domaine, nous vous proposons de suivre toutes les étapes qui vous aideront à construire votre patrimoine. Toutefois, gardez en tête que l'on n'obtient rien sans effort ni engagement de soi.

Restez concentré, positif et motivé, et préparez-vous à agir : c'est ainsi que vous gagnerez !

C'est parti, bon voyage !

Chapitre 1

# INVESTIR DÈS MAINTENANT POUR L'AVENIR

*« En matière d'investissement, le temps perdu ne se rattrape jamais. »*
Gaëtan Lefebvre et Alexandre Bruney

*« Le meilleur moyen de ne pas atteindre ses objectifs est de ne pas en avoir ! »*
Sun Tzu

# 1. POURQUOI NE DEVEZ-VOUS COMPTER QUE SUR VOUS-MÊME ?

Crise, plan de sauvegarde de l'emploi, chômage, dégradation, mondialisation, précarité, pandémie…, tel est le florilège lexical de la scène médiatique utilisé ces dernières années. L'aspirine qui permettrait de soigner tous ces maux économiques n'a pas été trouvée.

À ces difficultés économiques et financières s'ajoute un contexte démographique mettant en péril l'équilibre budgétaire de nos régimes de retraite par répartition. En effet, rappelons que le problème trouve sa racine dans un déséquilibre de plus en plus marqué entre le nombre de retraités et le nombre de cotisants. Comme vous le savez peut-être, les cotisations que vous payez aujourd'hui financent bel et bien les pensions des retraités actuels. Elles ne servent pas à alimenter un fonds sécuritaire dans l'optique d'être restituées sous forme de rente au moment de la retraite.

Les gouvernements qui se sont succédé ont souvent actionné les mêmes leviers – recul de l'âge de départ à la retraite, augmentation de la durée de cotisation, hausse des cotisations –, qui n'ont pas porté leurs fruits : le système de retraite agonisant ne nous laisse pas entrevoir de futur radieux.

La réforme systémique de 2020 avec un système « universel » par points vise une remise à plat afin de répartir les retraites de manière plus égalitaire. Il n'est absolument pas démontré que cette nouvelle répartition conduira à l'équilibre budgétaire. Par ailleurs, à l'heure où ces lignes sont écrites, la pandémie de COVID-19 a conduit à la suspension de cette réforme.

Le Conseil d'orientation des retraites (COR) rend régulièrement des rapports nous alertant sur la situation. Comme le montre le graphique suivant, le rapport démographique va considérablement se dégrader jusqu'en 2035, puis continuer à se dégrader plus lentement jusqu'en 2050. Cette projection s'observe, quelles que soient les hypothèses retenues.

**À SAVOIR**

Retenons ces quelques chiffres : le nombre de retraités français devrait passer de 15 millions en 2008 à près de 23 millions en 2050. La période allant jusqu'en 2035, marquée par la fin de l'arrivée à l'âge de la retraite des générations issues du baby-boom, présentera une hausse particulièrement rapide.
Le nombre de cotisants, quant à lui, passerait d'un peu plus de 25 millions en 2010 à 27 millions en 2030, puis augmenterait légèrement jusqu'en 2050.

**Rapport démographique : nombre de cotisants / nombre de retraités**

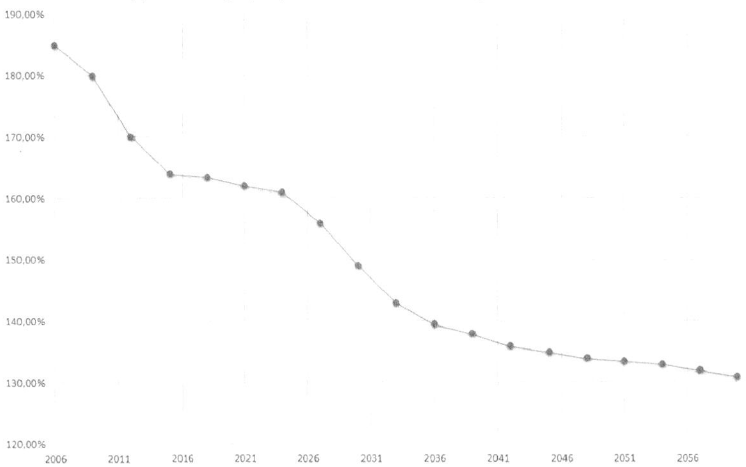


*Source : Comité d'orientation des retraites – Rapport démographique (Nombre de cotisants/Nombre de retraités)*

Malheureusement, étant donné la catastrophe sanitaire mondiale liée à la COVID-19 en 2020, il ne faut pas compter, à court terme, sur un contexte économique favorable à la croissance, qui permettrait d'envisager d'éponger une part de ce déséquilibre.

Introduisons maintenant la notion de taux de remplacement, c'est-à-dire le ratio entre les niveaux de pensions versées au moment de la liquidation des droits à la retraite et les niveaux des derniers revenus.

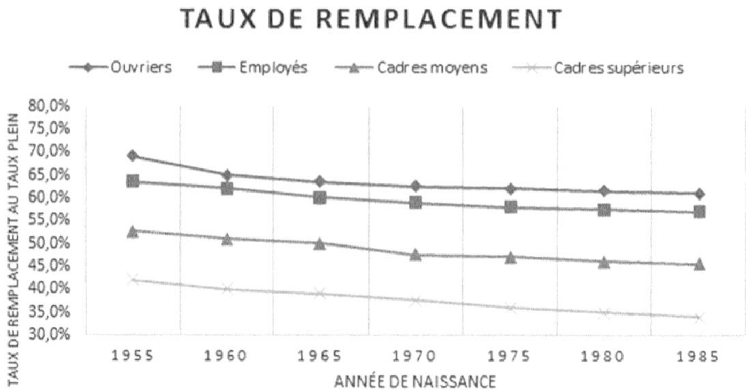


*Source : simulation BNP Paribas*

À titre d'exemple, un cadre moyen né dans les années 1970 ne pourra espérer un taux de remplacement supérieur à 47 % : plus le salaire d'une personne est élevé et son année de naissance récente, plus son taux de remplacement va se dégrader.

C'est un fait indiscutable : nous sommes aux limites du régime de retraite français par répartition tel que nous le connaissons. Les pensions de retraite issues des régimes obligatoires ne suffisent plus, désormais, à maintenir notre niveau de vie après la vie active. Cette situation réellement préoccupante va entraîner de graves conséquences sur le quotidien des retraités et des actifs.

À la lumière de ces éléments et sans forcer le pessimisme, vous comprenez maintenant qu'il ne faut plus attendre de miracle du système de retraite actuel et que c'est bien à vous de prendre le taureau par les cornes en préparant votre retraite vous-même ! D'autant que, si vous vous y prenez suffisamment tôt, vous réussirez à vous constituer un complément de revenu durant votre vie active, voire à atteindre l'indépendance financière.

Imaginez-vous à cinquante ans vivre des rentes de vos investissements, sans avoir la contrainte d'une activité salariée : vous pourriez ainsi vous contenter de profiter de la vie et vous réjouir de ce que vous léguerez à vos enfants et petits-enfants.

Avouez que c'est tentant ? Sachez que ce n'est pas impossible, mais attention, cela ne se fera pas non plus sans efforts ni investissement personnel.

**ATTENTION**

Vous trouverez dans cet ouvrage des conseils, des tactiques et des stratégies pour réussir vos investissements immobiliers, mais pas de recettes ni de potions magiques. C'est à vous de vous prendre par la main, vous ne devrez compter que sur vous-même, car personne ne le fera à votre place.

## 2. QUI ÊTES-VOUS ?

Comme nous venons de le voir, ce qui nous attend à l'âge de la retraite n'est pas très optimiste : une baisse soudaine et abrupte de nos revenus entraînant une chute implacable de notre niveau de vie. Et ce, au moment même où, profitant de plus de temps libre, nous aspirons à une vie paisible orientée vers plus de loisirs et souhaitons continuer à soutenir notre famille (enfants, petits-enfants, frères et sœurs…). En bref, de nombreuses activités espérées qui risquent de nous être inaccessibles par manque de ressources.

**EN PRATIQUE**

Si l'on se place dans le cas d'un investissement immobilier, de manière générale, vous suivrez sans doute ces étapes :
- choix d'un bien immobilier en fonction de votre profil ;
- achat du bien immobilier et mise en œuvre de son financement ;
- remboursement du bien ;
- choix entre revente ou location (mise en place d'une rente).

À votre avis, combien de temps faut-il pour couvrir l'ensemble de ces étapes ?
La réponse n'est pas unique. Cependant, si nous prenons l'hypothèse d'un bien s'autofinançant sur 15 ans et 63 ans comme âge de départ à la retraite, pour être dans les temps, il vous faudra commencer au plus tard à 48 ans sans oublier que, pour trouver un bien qui s'autofinance, première étape du processus, cela peut vous prendre plusieurs mois. Nous reviendrons sur la manière de trouver des biens intéressants au chapitre 3.

## À quel moment faut-il commencer à investir ?

Alors, la question qui vous brûle sans doute les lèvres est : « À quel âge commencer à investir pour se constituer un complément de revenu, rapidement pour maintenant ou pour l'heure de la retraite ? »

Voilà globalement le schéma de pensée de la majorité des actifs :

- 50 ans : « Il n'est pas trop tard, mais il ne faut pas tarder ! »
- 40 ans : « J'ai encore le temps ! »
- 30 ans : « Ah oui, il faudra que j'y pense un jour. »
- 20 ans : « C'est quoi ce truc ? »

Quel que soit le type d'investissement que vous choisirez, il est important que vous compreniez que chaque investissement oblige à engager des processus spécifiques et à enchaîner certaines actions pour déclencher les mécanismes d'enrichissement.

Reprenons chaque situation :

- À 50 ans, il est déjà presque trop tard.
- À 40 ans, le temps presse : vous devriez idéalement avoir déjà réalisé vos premiers investissements !
- À 30 ans, vous avez l'illusion que la retraite est encore loin. Il est vrai que c'est l'âge où l'on est bien souvent endetté pour sa résidence principale, où l'on commence à supporter la charge des enfants et où l'on s'investit pleinement dans sa vie professionnelle. Il s'agit pourtant d'un très bon âge pour investir, car vous aurez le temps d'envisager plusieurs investissements diversifiés au cours des années suivantes.
- Même si cela peut vous surprendre, le meilleur moment pour commencer à investir est celui de l'entrée dans la vie active (aux alentours de 20 ans).

## Est-ce pour tout le monde pareil ?

Comme nous venons de le voir, plus tôt vous réalisez vos investissements, meilleure est l'opportunité de constituer un complément de revenu destiné à vous aider au moment de la retraite ou, mieux encore, à atteindre une indépendance financière avant même l'âge du départ à la retraite ! Cela étant, vous devez tout de même tenir compte de votre situation personnelle avant de vous lancer dans ces investissements.

Ne péchez pas par excès d'humilité : beaucoup de choses sont accessibles dans notre société si l'on ose et si l'on s'en donne la peine. Regardez autour de vous, le monde est truffé d'exemples de personnes parties de rien ou de très peu qui, parvenues à réaliser leurs rêves, se retrouvent à l'abri financièrement. La télévision regorge d'émissions les mettant en valeur. D'ailleurs, nul besoin d'aller si loin, vous avez certainement des exemples dans votre entourage. Nous reviendrons au chapitre 4 sur les éléments clés qui vous permettront de vous lancer dans l'aventure de l'investissement et de franchir le pas !

*A contrario*, ne péchez pas non plus par excès d'optimisme. Restez conscient de vos éventuelles faiblesses, attachées à certaines contraintes inhérentes à votre situation personnelle. En effet, celles-ci diffèrent selon que vous êtes :

- célibataire ;
- marié ;
- avec des enfants ;
- avec des personnes à charge.

Par exemple, si vous êtes marié et avez des enfants, vous devez avant tout penser au bien-être de votre famille et lui fournir l'essentiel avant de penser à un investissement immobilier. Une hygiène de vie financière est donc indispensable pour déterminer ce que vous pouvez exactement vous permettre et le montant que vous pouvez investir.

## 3. QUEL EST VOTRE PROJET DE VIE ?

Désormais, vous savez que vous devez commencer à investir le plus tôt possible pour vous constituer un complément de revenu. Tout en prenant en compte votre situation et ses contraintes inhérentes, il est temps de déterminer la nature de votre projet.

Vous devez définir les objectifs que vous souhaitez atteindre concernant votre complément de revenu :

- Espérez-vous un petit plus au moment de la retraite ?
- Souhaitez-vous compenser en totalité la perte de votre niveau de vie au moment de la retraite, suite à la chute abrupte de vos revenus (nous vous rappelons que les revenus d'un cadre quadragénaire aujourd'hui baisseront d'environ 50 % lorsqu'il sera à la retraite).
- Aspirez-vous à atteindre l'indépendance financière pour, ainsi, quitter avant l'âge de la retraite votre condition d'actif ?

Prenez le temps de la réflexion pour fixer votre but.

Bien que le bonheur soit un sentiment derrière lequel chacun ne met pas les mêmes exigences, pouvoir conserver son niveau de vie de fin de carrière, lors du passage à la retraite notamment, contribue à se libérer des contraintes quotidiennes et à profiter de la vie.

Les objectifs que vous vous fixerez vous aideront à construire votre projet de vie : en fonction de la situation à atteindre, vous mettrez en place un ou plusieurs plans d'action. Selon la valeur du complément de revenu souhaité et l'échéance à laquelle vous voulez y parvenir, vous devrez donc opérer les bons investissements.

Avec les objectifs à atteindre, vous avez défini le quoi et le pourquoi. Avec les investissements, vous élaborez le comment. Comme vous l'avez compris, ce « comment ? » est propre à chacun. Les choix dépendent de qui vous êtes, de votre situation et de vos objectifs.

Dans cette optique, nous vous proposons quatre types d'investissement présentés avec les éléments majeurs qui les caractérisent.

## 4. QUELS TYPES D'INVESTISSEMENT SONT ADAPTÉS À VOTRE SITUATION ?

La définition de ces quatre types d'investissement possibles vous permet :
- d'orienter votre choix en connaissance de cause ;
- de déterminer au mieux votre plan d'action ;
- de définir votre projet de vie clairement ;

### La Bourse

On entend souvent que la Bourse constitue l'une des solutions évidentes pour se constituer un complément de revenu. C'est peut-être vrai… ou pas ! Bien sûr, des personnes s'enrichissent considérablement avec la Bourse et ses produits dérivés, mais c'est parfois au détriment d'autres : lorsque l'on achète, il faut que quelqu'un vende, et réciproquement.

Trois des secrets de la réussite en Bourse résident dans la capacité à :
1. Acquérir des informations clés avant les autres.
2. Agir avant les autres.
3. Sentir l'évolution des marchés avant les autres.

Seuls les traders sont susceptibles de satisfaire ces trois qualités. « L'homme de la rue » n'a pas accès aux informations, souvent confidentielles, permettant d'anticiper l'évolution des cours. Ses moyens se limitent souvent à une analyse financière issue de revues spécialisées qui lui permet de passer ses ordres à un courtier en ligne. Le retour qu'il vise est généralement le moyen et le long terme.

« L'homme de la rue » ignore que la plupart des opérations sont traitées sur du court terme (du milliardième de seconde à la journée) par des ordinateurs surpuissants, placés au plus près des salles de marché, alimentés en algorithmes mathématiques conçus par les meilleures têtes pensantes du moment. Il a peu de chances d'acquérir l'instinct du trader, n'ayant ni l'expérience, ni la vivacité d'esprit pour prendre la bonne décision au bon moment et très vite.

Évidemment, il existe des relais de Bourse, tels que les conseillers financiers. Leur inspiration est sans limite, leur but étant que leurs clients s'enrichissent au maximum... à moins que ce ne soit le montant de la commission touchée à chaque vente qui les motive ?

**À SAVOIR**

Certains diront que la Bourse, ce n'est pas du court terme mais du long terme ! Qu'en pensent les actionnaires d'Eurotunnel, notamment les petits porteurs qui ont scrupuleusement suivi les préconisations de leur conseiller bancaire, il y a plus de 30 ans ? Ou encore ceux de Natixis qui devait devenir le ténor des banques européennes avec une capitalisation boursière de rêve ?

Les plus-values boursières sont possibles et peuvent s'avérer substantielles... tout comme les moins-values d'ailleurs ! Il est en fait presque impossible de prédire si les évolutions boursières sont plus conjoncturelles que structurelles. Le système, de par sa construction, est devenu une véritable loterie pour le commun des investisseurs.

D'ailleurs, qui avait prédit la crise de la COVID-19 de 2020 qui a créé un vent de panique sur les bourses du monde entier, avec des secteurs particulièrement touchés (tourisme, industrie, retail…) ? Les pertes sont importantes pour les petits porteurs qui ont vu la valorisation boursière du CAC 40 dévisser de 30 % en quelques semaines.

Retenons cette petite anecdote datant d'avril 2020, quand le cours du brut américain s'est négocié en négatif ! Dit autrement, les vendeurs ont payé pour qu'on les débarrasse de leurs stocks.

D'autres amateurs boursiers vous convaincront qu'il ne faut pas viser la plus-value à moyen ou long terme, mais plutôt le dividende. Les sociétés du CAC 40 attribuent souvent à leurs actionnaires de confortables dividendes chaque année, même quand leur résultat financier n'est pas au meilleur niveau. C'est donc effectivement un moyen d'investir en Bourse sans passer trop de temps sur la gestion de son portefeuille d'actifs.

Toutefois, le problème essentiel pour capitaliser en Bourse reste que vous aurez besoin d'une mise de fonds au départ et qu'il ne vous sera pas possible de demander un prêt à votre banquier pour acheter des actions.

**À SAVOIR**

L'investissement en Bourse nécessite une disponibilité de fonds à la hauteur de ce que vous souhaitez investir et s'assortit d'un risque difficilement maîtrisable.

## L'épargne traditionnelle

Contrairement à la Bourse, l'épargne offre une image beaucoup plus rassurante et paisible. Ici, point de risque difficilement maîtrisable, nulle notion de « jeu » comme le laisse parfois percevoir la Bourse. Prime un sentiment de quiétude, tel un fleuve qui s'écoule tranquillement mais sûrement.

Voici un panorama des produits financiers les plus classiques qu'offre l'épargne traditionnelle.

## Le livret A

Le livret A est le mode d'épargne garantie le plus répandu parmi les ménages français. Il présente le gros avantage de ne pas être imposé. En revanche, son plafond est relativement bas, 22 950 €, si l'on envisage une épargne à très long terme.

Au-delà du plafond, il est également intéressant d'observer l'évolution du taux de ce livret A en fonction de l'évolution de l'inflation. On constate que ce taux est très lié à l'évolution de l'inflation. En d'autres termes, un placement réalisé sur ce support ne fera que suivre l'inflation et vous ne parviendrez donc pas à vous enrichir. Il permettra en revanche de constituer une épargne de précaution.

**À SAVOIR**

Il est intéressant de noter que, dans le cas du livret A ou du livret de développement durable (LDD), l'épargne est immédiatement disponible et les versements sont libres.

## Le super-livret

Contrairement au livret A et au LDD dont les taux sont fixés par l'État, le taux du super-livret est fixé par la banque qui le propose.

L'objectif de ce super-livret est de proposer à l'épargnant un taux intéressant sur une période limitée. Certains établissements bien connus du grand public sont spécialisés dans ce type d'offres. Attention, si les taux annoncés semblent intéressants, gardez à l'esprit qu'il s'agit de taux bruts et que les intérêts sont soumis à l'impôt.

Comme avec le livret A, l'épargne du super-livret reste complètement disponible et les versements sont gratuits.

**ATTENTION**

Si vous souhaitez profiter du taux intéressant de ces livrets fiscalisés, ayez conscience de la « gymnastique » à pratiquer pour gérer au mieux les courtes périodes d'application des taux favorables et pour ne pas laisser dormir votre capital avec un taux de base bas.

## L'assurance-vie

Parallèlement aux livrets, l'un des supports les plus connus en termes d'épargne garantie est l'assurance-vie. Autrefois un bon placement pour assurer la transmission de son capital ou bien profiter d'une fiscalité avantageuse, avec des taux de rendement intéressants, cet outil d'épargne vit des moments difficiles et ne présente plus le même intérêt.

Par ailleurs, la fiscalité autour de cet outil d'épargne évolue dans un sens plutôt défavorable. Les nouveaux contrats souscrits sont imposés, même au-delà d'une détention de 8 ans. Il est à noter que, pour les versements effectués après septembre 2017, il est possible de choisir entre le barème de l'impôt sur le revenu et la Flat Tax (30 %). Précisons également que la loi Sapin 2 de 2016 permet de bloquer les retraits en cas de crise grave.

Ainsi, même si cette solution reste une bonne voie pour transmettre une partie de son capital à sa descendance, elle devient de moins en moins intéressante sur un aspect placement financier garanti, d'autant que le rendement moyen des fonds garantis en euros ne cesse de baisser.

## L'importance d'une épargne régulière

Quel que soit l'âge, mais *a fortiori* dès le plus jeune âge, un réflexe d'épargne régulière permet la constitution d'une réserve de sécurité. En effet, la vie n'étant pas toujours un long fleuve tranquille, il faut bien organiser ses placements pour faire face aux imprévus. Dans tous les cas, si une épargne régulière apporte toujours un plus, elle ne sera pas suffisante dès lors que l'on veut conserver au moment de la retraite un niveau de revenu équivalent à son dernier salaire.

Si vous avez économisé suffisamment d'argent, l'épargne peut s'avérer intéressante dès qu'elle est garantie et que son taux d'intérêt est suffisamment élevé. En revanche, si vous n'avez aucune « mise de départ », l'épargne est peu rentable à court ou moyen terme.

**EN PRATIQUE**

Même si vous ne versez pas des sommes importantes au départ, il est fondamental d'épargner dès le plus jeune âge. Par exemple, en plaçant à 2 % 100 € chaque mois dès 30 ans, puis en augmentant cette somme de 5 % par an, vous aurez accumulé 130 000 € à la date de votre départ à la retraite : de quoi percevoir 400 € par mois jusqu'à votre décès (sur la base de la durée de vie moyenne en France). Cette somme est loin d'être négligeable quand on sait que la retraite moyenne dans le privé est inférieure à 1 200 € par mois.

## La création ou la reprise d'entreprise

Vous pouvez également vous lancer dans la grande aventure de l'entrepreneuriat. Qui n'a pas lu les différentes *success stories* de jeunes entrepreneurs intrépides qui se sont lancés dans des domaines tels que l'Internet, les nouvelles formes de service...

La création ou reprise d'entreprise est très alléchante, mais il y a plus de candidats que d'élus à la réussite. Se lancer dans l'entrepreneuriat nécessite un ingrédient absolument incontournable : avoir acquis un socle de connaissances suffisamment solide. Au-delà de ce socle, il faut avoir une volonté d'entreprendre à toute épreuve et la cultiver. S'adapter au marché et savoir se rendre disponible aux instants clés constituent deux piliers de la réussite.

Pour vous lancer, il vous faudra suivre les étapes suivantes :

- Trouver une idée ou une entreprise à reprendre répondant à un besoin.
- Réaliser une étude de marché (clients potentiels, concurrents et évolutions prévisibles de la demande).
- Construire un business plan (évaluation de la rentabilité).
- Trouver le financement auprès de collectivités, d'investisseurs et de banques, auxquels vous devrez savoir « vendre » votre projet.

- Choisir un cadre juridique et fiscal adapté à votre projet d'entreprise (entreprise individuelle, SARL, SA, SAS, SASU).
- Réunir les compétences nécessaires : savoir recruter, acheter, vendre votre produit ou votre service, gérer, entraîner, animer, manager, anticiper les évolutions du marché.

L'entrepreneuriat est une aventure passionnante, mais elle nécessite d'être bien préparée afin de ne pas subir les conséquences de choix hasardeux.

**LE BON CONSEIL**

Persévérez et n'abandonnez surtout pas au premier obstacle ! Si vous êtes convaincu de la validité de votre projet et que sa réussite ne fait aucun doute, apprenez à rallier à votre cause les investisseurs qui n'ont pas forcément la même vision que vous. Si vous avez foi en votre projet, présentez-le sous son meilleur jour pour les convaincre.

D'une manière générale, il est assez difficile de développer une entreprise ou un business en conservant son statut de salarié. Il faut souvent se résoudre à quitter son emploi pour se consacrer pleinement à son projet d'entreprise. Cette décision doit être mûrement réfléchie – franchir le pas n'est pas neutre. Tout le monde n'en a pas la capacité, d'autant que l'important investissement personnel n'est pas toujours proportionnel aux revenus que cette activité va générer. Certains facteurs exogènes peuvent jouer en défaveur de votre projet (marché qui s'effondre, manque de matières premières…). D'autre part, et paradoxalement, il est à l'heure actuelle parfois plus facile d'obtenir des aides pour financer son projet de création d'entreprise si on est en recherche d'emploi (et non salarié).

Quoi qu'il en soit, la création ou la reprise d'une entreprise est un type d'investissement qui demande un engagement personnel important et se révèle souvent assez anxiogène. Enfin, cette activité nécessite au départ de disposer d'un montant de fonds non négligeable si l'on ne veut pas avoir recours à des investissements externes de type subventions, prêts, *love money* ou *crowdfunding*.

# L'immobilier

Si vous tendez l'oreille dans le métro, au restaurant d'entreprise, au café ou à la plage, vous vous apercevrez qu'un sujet revient de manière récurrente. Vous l'avez deviné, il s'agit de l'immobilier !

Qu'il s'immisce dans les conversations ou dans les thèmes abordés par les *news* magazines, l'immobilier occupe le devant de la scène. C'est un thème qui revient régulièrement sur la couverture des hebdomadaires et dans les articles (prix de l'immobilier, investissement immobilier...). Bien sûr, il s'agit le plus souvent d'immobilier destiné à son logement principal ou celui de sa famille. Cet immobilier-là est chargé de symboles – ceux de la famille, des parents, des enfants, de la maison avec son jardin, de la protection, d'un toit en cas de coup dur – et cristallise l'idéal de bon nombre de Français. L'immobilier est bien souvent le rêve d'une vie.

Ce rêve est parfaitement pertinent si l'on se projette au moment de la retraite. En effet, quand on est propriétaire de sa résidence principale et qu'on a fini de la rembourser, on se retrouve dans une situation intéressante puisqu'on n'a plus de frais, hormis les taxes et les charges, contrairement à ceux qui ont préféré (ou dû) rester en location et qui doivent acquitter un loyer mensuel. On augmente ainsi indirectement son revenu : ce qui n'est pas payé en loyer permet d'avoir un pouvoir d'achat plus élevé.

Vous pouvez également choisir d'investir dans un bien immobilier que vous mettrez en location. L'objectif, dans ce cas, n'est plus d'acquérir une résidence principale, mais un bien vous permettant sur le long terme, soit de vous constituer une sorte de rente (loyer versé par le locataire), soit de vous créer une réserve financière qui sera disponible à la revente de ce bien.

**À SAVOIR**

Certains d'entre vous savent que l'immobilier est parfois en crise, thème également prisé des magazines. Nous allons peut-être vous surprendre : pour nous, ce n'est pas nécessairement une mauvaise nouvelle. Lorsque l'immobilier est en crise, les prix s'orientent à la baisse. De ce fait, les marges de négociation sont souvent plus importantes. Le vendeur intègre la baisse probable des mois suivants et fait preuve d'une plus grande ouverture sur le prix de vente.

Précisons également que, tant que l'offre de logements est insuffisante, l'immobilier étant un marché moins liquide que les actions, il atténue les mouvements de panique lors des crises financières, économiques ou sanitaires comme celle de 2020.

Une fois encore, si vous vous projetez à l'heure de la retraite, la possession d'un ou plusieurs bien(s) immobilier(s) en location vous offrira ainsi un complément de revenus. Par exemple, en louant un bien 500 € par mois, une fois enlevées les taxes et certaines charges, il vous reste encore une somme mensuelle non négligeable. De même, si vous avez besoin d'une somme d'argent importante pour des raisons personnelles imprévues, vous disposerez de trésorerie en revendant l'un de vos biens locatifs.

**LE BON CONSEIL**

La plus-value que l'on peut dégager sur un bien immobilier se joue dès l'achat.

Tout comme la Bourse ou l'épargne, l'immobilier ne se caractérise pas par un seul produit ; derrière ce mot, se cache une multitude de biens différents avec leurs avantages et leurs inconvénients, comme nous le verrons au chapitre 2. Il existe nécessairement, dans cet éventail d'investissements immobiliers possibles, un support susceptible de vous convenir et de correspondre à votre profil d'investisseur.

Beaucoup d'entre vous pensent certainement qu'il faut être riche pour pouvoir investir dans l'immobilier. Cette idée reçue, assez souvent véhiculée, arrange beaucoup de monde : d'une part ceux qui n'ont pas trop envie d'investir et se cherchent des excuses pour ne pas le faire, d'autre part ceux qui, justement, investissent et n'ont pas spécialement envie de partager leur part du gâteau !

Cependant, « ne nous cachons pas derrière notre petit doigt » : il est vrai qu'avoir de l'argent disponible aide à investir dans certains types de biens immobiliers. Par exemple, dans le cas d'un achat/revente, il est plus facile de dégager une marge importante si l'on a les fonds nécessaires à la fois pour financer l'achat du bien et les travaux à y réaliser ; en outre, cela permet également de mieux emprunter.

Comme nous allons le voir dans ce qui suit, vous pouvez quand même investir dans l'immobilier sans le moindre apport de départ !

## 5. POUVEZ-VOUS INVESTIR SANS APPORT ?

Nous venons de passer en revue quatre formes majeures et classiques d'investissement :

- la Bourse ;
- l'épargne traditionnelle ;
- la création et la reprise d'entreprise ;
- l'immobilier.

Parmi celles-ci, deux nécessitent un minimum d'apport si on veut en tirer un certain profit : la Bourse et la création/reprise d'entreprise. Pour la Bourse, point de salut, vous ne trouverez pas beaucoup de banques pour vous accorder un prêt destiné à l'achat d'actions ! Quant à la création ou la reprise d'entreprise, vous trouverez peut-être des investisseurs qui croient en votre projet et vous accompagnent, mais c'est de plus en plus difficile car les investisseurs attendent généralement que la société ou l'entreprise ait déjà un peu d'existence avant de venir y injecter des capitaux.

En ce qui concerne l'épargne traditionnelle, vous pouvez partir de zéro mais, là encore, il ne s'agit que de votre argent. Vous ne trouverez pas non plus beaucoup d'investisseurs décidés à vous prêter de l'argent pour que vous puissiez l'épargner !

Reste l'investissement immobilier. Cette fois, vous avez la possibilité de contracter un prêt bancaire pour réaliser votre investissement. Vous pensez peut-être que les banquiers ne vous prêteront rien si vous n'avez aucun apport ? Sachez qu'il est tout à fait possible d'investir dans l'immobilier sans capital de départ.

Pour y parvenir, le postulat est : le loyer que vous allez imposer à votre locataire doit être supérieur à la mensualité du prêt avec un ratio mensualité/loyer maximal de 70 % ; c'est ce que l'on nomme l'**autofinancement**. L'idée est simple : c'est votre locataire qui rembourse intégralement votre prêt immobilier. Dans cette hypothèse, si vous avez une épargne de sécurité couvrant quelques mois de vacance locative, certaines banques accepteront de vous prêter de l'argent.

Supposons que vous avez trouvé un bien immobilier et que, une fois intégrés le prix du bien, les frais de notaire et les frais de garantie, vous devez emprunter 100 000 €. Plaçons-nous sur une période de 15 ans pour la durée de remboursement, avec un taux de 1,30 % et une assurance de 0,34 % : vos remboursements mensuels vont s'élever à 640 € environ.

Si vous parvenez à louer votre bien 950 € par mois, votre ratio mensualité/loyer sera proche de 0,7 : vous serez donc en situation d'autofinancement ! Votre équation économique sera respectée, puisque le seul loyer du locataire suffira à couvrir tous les frais et votre patrimoine grossira puisque, rappelons-le, la mensualité d'emprunt est fixe alors que le loyer augmente tous les ans avec l'inflation.

Entendons-nous bien, nous ne disons pas qu'il est simple d'autofinancer son bien, *a fortiori* depuis 2020. Vous devrez respecter un certain nombre de points, que nous verrons plus loin dans cet ouvrage, par exemple :

- Bien acheter en gardant en tête les prix du marché.
- Négocier toutes les étapes du processus d'achat du bien immobilier.
- Essayer de tout emprunter (frais de notaire et de garantie inclus) et négocier un emprunt, quitte à y mettre un peu d'apport.
- Investir dans des formes d'immobilier moins conventionnelles et rentables. Prenons l'image de la ruée vers l'or : il ne fallait pas espérer trouver beaucoup de pépites dans une mine déjà surexploitée, mais plutôt découvrir d'autres mines à exploiter. Revenons à l'immobilier : beaucoup se sont lancés, à un moment, dans la location de studios nus dans les grandes agglomérations ; c'est aujourd'hui un marché saturé.

**À SAVOIR**

Pour pouvoir investir sans apport dans l'immobilier, il faut viser l'autofinancement sur le bien visé.

Quoi qu'il en soit, avec un peu de méthode, d'assiduité et d'énergie, il est tout à fait possible de trouver des biens en autofinancement qui permettront ainsi d'investir sans ou avec peu d'apport. Il faut bien entendu rester logique dans cette démarche et ne pas être trop gourmand.

Il est également essentiel de respecter deux paramètres fondamentaux :
- l'emplacement ;
- la qualité du bien lui-même.

Ce qui fait la vraie valeur d'un bien immobilier, c'est l'addition de ces deux paramètres, car l'un ne va pas sans l'autre.

Il vaut mieux commencer par investir dans des biens modestes plutôt que de jeter son dévolu sur un bien de plusieurs millions d'euros. Les banques sont capables de prendre des risques..., mais calculés. Au fur et à mesure, plus souvent vous aurez réalisé des investissements immobiliers, plus facilement vous inspirerez confiance aux banques, et plus l'accroissement de votre patrimoine immobilier vous permettra d'investir dans des biens de plus en plus chers. Vous serez alors rentré dans le cercle vertueux de l'investissement immobilier et pourrez ainsi profiter de son formidable effet de levier : même sans apport, vous aussi, vous aurez le droit de vous enrichir !

Dans le chapitre qui suit, nous allons vous aider à faire votre choix parmi les différents types d'investissement immobilier existants !

Chapitre 2

# À CHAQUE PROFIL, SON INVESTISSEMENT IMMOBILIER !

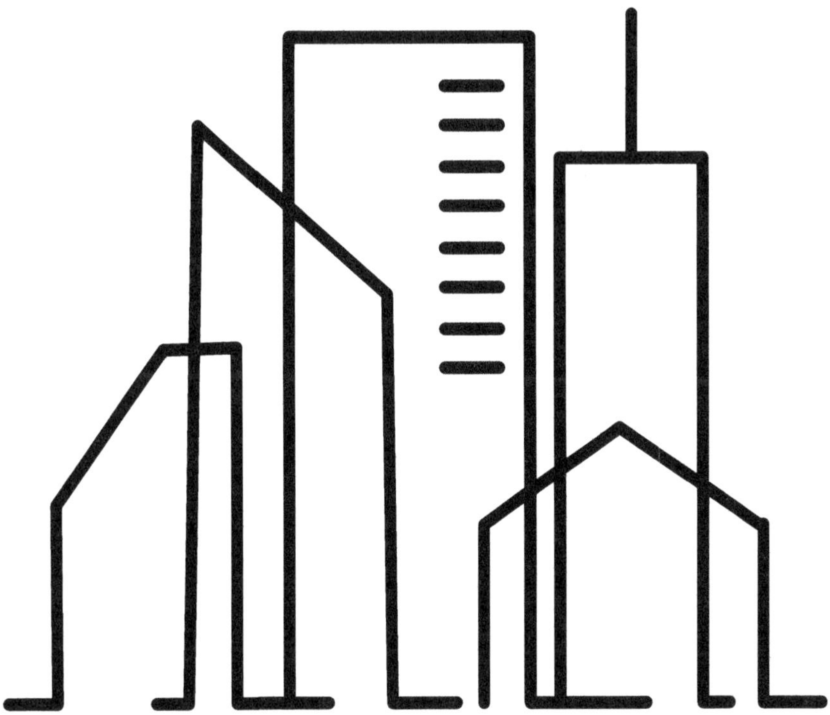

# POSEZ-VOUS LES BONNES QUESTIONS

Investir dans l'immobilier est accessible à tous, mais chaque type d'investissement ne convient pas forcément à tout le monde. En effet, il ne s'agit pas juste de prendre la route de l'investissement immobilier : si vous ne savez pas où vous allez, pourquoi vous y allez, par quel moyen y aller, vous risquez de dépenser beaucoup de temps, d'énergie et d'argent pour arriver nulle part.

La réussite d'un projet d'investissement immobilier est liée à la définition précise d'objectifs qui vous aideront à trouver l'énergie et les réponses nécessaires à votre motivation.

Même si tout le monde souhaite que son investissement ait une rentabilité de 15 %, s'autofinance, ne soit pas risqué et soit fiscalement favorable, la réalité invite l'investisseur à réfléchir à sa situation personnelle et à se poser les bonnes questions :

- Quelle est ma capacité d'investissement ? 10 K€, 100 K€, 500 K€ ?
- Quel est mon niveau d'aversion au risque ?
- Quel est mon niveau de connaissances dans le domaine de l'immobilier ?
- Quel est mon projet de vie ? Être indépendant financièrement ou préparer ma retraite ?
- Quelle est ma situation fiscale et mon taux marginal d'imposition ?

En fonction des réponses à ces questions, ce qui suit vous permettra de choisir la forme d'immobilier adaptée à votre situation et votre objectif.

N'oubliez pas non plus qu'un investissement immobilier reste un investissement : s'il peut vous aider à constituer un patrimoine, il peut aussi vous faire perdre de l'argent. Pour réduire les risques, respectez cette règle : le bien se situera dans une zone ou un secteur où la demande est plus forte que l'offre. Pour aller plus loin et dégager une bonne rentabilité locative, il vous faudra dénicher aussi une zone et un bien offrant un bon potentiel.

**LE BON CONSEIL**

Afin de pouvoir amortir les événements imprévus (impayés de loyers dus à une pandémie mondiale par exemple), il faut toujours prévoir un minimum de 3 à 6 mois de trésorerie.

Voici maintenant 25 formes d'investissement immobilier avec des éléments sur leur investissement de départ, leur rentabilité, leur risque, le niveau de technicité dans leur mise en œuvre. Avec toutes ces cartes en main, vous n'aurez plus qu'à choisir.

Le spectre des investissements immobiliers est relativement étendu. Afin de sélectionner la forme de placement la mieux adaptée à votre profil d'investisseur, nous vous donnons, pour chaque investissement :

- une description ;
- les avantages ;
- les précautions à prendre et les inconvénients ;
- ce qu'il peut rapporter ;
- la manière d'investir ;
- notre conseil.

Chaque forme d'investissement est illustrée de pictogrammes destinés à vous orienter plus rapidement. Ces éléments indicatifs ne constituent en rien une règle absolue.

Vous allez pouvoir vous composer votre menu selon vos moyens, goûts et capacités !

| | | | |
|---|---|---|---|
| **INVESTISSEMENT DE DÉPART** | Inférieur à 50 K€ | Compris entre 50 et 300 K€ | Supérieur à 300 K€ |
| **RENTABILITÉ** | Inférieure à 3 % | Comprise entre 3 et 10 % bruts | Supérieure à 10 % |
| **RISQUE** | Faible | Moyennement élevé | Élevé |
| **TECHNICITÉ DANS LA MISE EN ŒUVRE** | Facile | Relativement facile | Difficile |

# BIEN D'HABITATION ANCIEN NU

Investissement :

Rentabilité :

Risque :

Technicité :

## Description

Qu'il s'agisse de l'achat d'un appartement ou d'une maison, ce type d'investissement est certainement le plus répandu. Il est destiné soit à devenir une résidence principale, soit à constituer un investissement locatif. En d'autres termes, c'est un placement de « bon père de famille » par excellence.

## Avantages

L'offre de biens anciens étant abondante, **la marge de négociation est importante** dès que le bien présente quelques défauts et que le marché de l'immobilier est difficile.

**Une TVA dite réduite à 5,5 % s'applique pour la réalisation des travaux de rénovation.** Attention toutefois à bien respecter les destinations des travaux prévues par la loi. Le taux de 5,5 % s'applique aux travaux de rénovation visant à améliorer l'efficacité énergétique du logement. Si vous faites faire un agrandissement ou une cloison, ou que vous changez de cuisine, les taux sont différents et oscillent entre 10 et 20 %. N'hésitez pas à vérifier ces éléments ou faites-vous accompagner d'un professionnel.

**À SAVOIR**

L'achat d'un **logement occupé** permet de gagner sur deux tableaux :

- Vous achetez moins cher que si vous achetiez un bien libre. La décote est fonction de la qualité du bien, de la qualité du locataire et de la durée du bail restant à courir. Cette décote peut atteindre 10 %.
- Un locataire étant déjà en place, vous percevez immédiatement des loyers. Cela ne vous dispense pas de vous renseigner sur la qualité du locataire (ancienneté dans les lieux, régularité du paiement des loyers, âge).

### Précautions à prendre et inconvénients

Comme pour toutes les autres formes d'investissement immobilier, une attention toute particulière sera apportée au **choix de l'emplacement**. Ici plus encore : s'agissant des biens d'habitation, la proximité des commerces, transports, écoles et crèches doit être privilégiée, ce point essentiel garantissant une location ou une revente plus rapide.
Pour éviter les mauvaises surprises, il est essentiel de vous déplacer accompagné d'un professionnel du bâtiment, qui pourra **évaluer le montant des éventuels travaux et détecter tout vice caché**. Dans tous les cas, prévoyez une enveloppe d'au moins 5 % du prix d'achat pour pallier les imprévus.
**La fiscalité n'est pas particulièrement avantageuse** si vous mettez le bien en location. En effet, vos revenus locatifs seront imposés à hauteur de votre taux marginal d'imposition auquel s'ajouteront des cotisations sociales, dont la CSG et la CRDS.

**ATTENTION**

Dans le cas d'une maison individuelle, vérifiez la cohérence entre les montants des taxes d'habitation et l'état réel du bien. En effet, il n'est pas rare qu'un vendeur ayant apporté des aménagements (combles, vérandas...) ait omis de les déclarer au fisc. Dans ce cas de figure, vous vous exposez à une hausse inattendue des impôts locaux.

Dans le cas d'un appartement, les **derniers relevés annuels des charges** seront étudiés avec soin. En outre, procurez-vous auprès du syndic de copropriété les **comptes rendus des quatre dernières assemblées générales**. Ils vous donneront une vue précise des travaux passés et à venir (ascenseur, ravalement, chauffage, toiture, clôture...), et des éventuels contentieux pouvant exister avec les fournisseurs et les prestataires : il est important d'en avoir connaissance avant de s'engager.

**LE BON CONSEIL**

Que l'achat de ce bien concerne une résidence principale ou un investissement locatif, il est important de prendre contact avec quelques voisins afin de s'informer sur d'éventuelles nuisances. Déplacez-vous et visitez à différents jours de la semaine et à divers moments de la journée.

## Combien cela rapporte-t-il ?

La rentabilité d'un appartement ou d'une maison individuelle est très hétérogène. Elle dépend des conditions d'achat et de l'investissement à prévoir pour d'éventuels travaux.
Elle dépend également de votre capacité à identifier la valeur potentielle future du bien acheté. Par exemple, si une maison dispose d'une dépendance ou de combles aménageables, vous bénéficierez d'une surface habitable plus importante. De même, s'il existe une opportunité de dégager une parcelle du terrain sur lequel se trouve le bien, cette parcelle pourra être vendue en terrain constructible.
En fonction de tous ces paramètres, la rentabilité peut varier de 0 à 20 %.

## Comment investir ?

Ce type d'investissement étant largement répandu, l'offre est pléthorique. On le trouve *via* tous les canaux :
- agences immobilières ;
- sites internet, tels que www.leboncoin.fr et www.seloger.com ;
- bouche-à-oreille.

## Notre conseil

L'investissement dans un bien d'habitation ancien – pour une résidence principale ou un investissement locatif – est un incontournable. Pour dégager une bonne rentabilité, il faut se concentrer sur les biens dont le potentiel n'a pas encore été exploité : cela permet d'en augmenter la valeur tout en bénéficiant d'une fiscalité favorable en cas de travaux. Pour ce type d'investissement comme pour beaucoup d'autres, tout se joue à l'achat, notamment si vous envisagez des travaux d'amélioration. Préparez soigneusement votre projet.

# BIEN D'HABITATION NEUF ENTRANT DANS LE CADRE D'UN DISPOSITIF DE DÉFISCALISATION

Investissement :

Rentabilité :

Risque :

Technicité :

## Description

Voici les différents dispositifs de défiscalisation qui se sont succédé pour l'investissement locatif dans le logement neuf.

| MÉHAIGNERIE | PERISSOL | BESSON | ROBIEN | BORLOO | SCELLIER | DUFLOT | PINEL |
|---|---|---|---|---|---|---|---|
| 1986-1996 | 1996-1999 | 1999-2002 | 2003-2005 | 2006-2009 | 2009-2012 | 2012-2014 | 2014 |

Le dispositif Pinel, le dernier, s'appuie sur le dispositif Duflot, tout en ayant été aménagé.
Pour mémoire, ce montage permet à tout contribuable achetant dans le neuf de bénéficier d'une réduction d'impôt. En échange de ce cadeau fiscal, l'investisseur doit :

- Louer le bien sur une durée de 6, 9 ou 12 ans (la réduction d'impôt est alors de 12 %, 18 % ou 21 %).
- Respecter des plafonds de loyer, en général inférieurs d'environ 20 % aux loyers du marché.
- Louer à des locataires dont les niveaux de ressources sont, eux aussi, plafonnés.
- Se limiter à un plafond global de 300 000 euros par an dans la limite de deux logements par an avec un prix d'achat au mètre carré plafonné à 5 500 €.

## Avantages

Le premier avantage, incontestable et d'ailleurs mis en avant systématiquement, concerne la **défiscalisation**, même si – nous vous le rappelons – vous n'investissez pas pour défiscaliser, mais pour vous constituer un patrimoine destiné à vous construire un complément de revenu.

Le bien peut être **loué à un ascendant ou un descendant**. Cette nouvelle autorisation constitue un réel avantage par rapport à certains dispositifs passés. Vous pouvez ainsi envisager de louer votre bien à l'un de vos enfants qui se lance dans la vie active et dont les ressources sont faibles, afin de lui donner un coup de pouce, tout en travaillant à construire votre patrimoine.

Les biens neufs concernés par ce dispositif ont l'obligation de satisfaire aux dernières normes BBC (bâtiments de basse consommation, label de performance énergétique du bâtiment). Avec ce type d'investissement, vous disposerez donc d'un bien ayant une **performance énergétique intéressante** qu'il sera plus facile de mettre en valeur lors d'une potentielle revente.

**À SAVOIR**

Le dispositif d'investissement locatif Pinel a été prolongé jusqu'en 2021. Les zones éligibles ont été recentrées sur les zones les plus tendues (A, A bis et B1) et abandonnées en B2 et C, considérées moins tendues car étant principalement des zones périurbaines ou rurales. Pour le reste, le dispositif reste inchangé avec une déduction fiscale pour les investisseurs allant jusqu'à 63 000 € de réduction d'impôts en fonction de la durée d'investissement, de la zone et du loyer proposé.

## Précautions à prendre et inconvénients

Attention, la réduction d'impôt en loi Pinel n'est pas un **crédit d'impôt**. Il faut bien vérifier que le montant de votre impôt est supérieur à la réduction proposée par ce dispositif de défiscalisation. Dans le cas contraire, vous ne serez pas remboursé par le fisc.

Comme nous l'avons vu, les loyers sont plafonnés. Assurez-vous donc que le **loyer plafond** de votre bien est en accord avec les loyers moyens pratiqués dans la même zone. Si ces loyers moyens sont identiques au plafond de votre Pinel, voire inférieurs, la rentabilité de votre bien risque d'être très mauvaise, encore faut-il que vous parveniez à louer votre bien.

Ces logements neufs se trouvent, la plupart du temps, **en périphérie des villes et non au centre**. Il existe bien sûr quelques projets de réhabilitation en centre-ville, mais ils sont plus rares.

Il est primordial de **bien choisir la ville ou la zone** dans laquelle vous effectuerez votre investissement. La carte des villes ouvrant droit au dispositif Pinel est vaste, mais certaines constituent un meilleur choix car dotées d'un véritable projet urbain.
Les remboursements du prêt bancaire que vous allez contracter seront effectués en partie par le locataire, en partie par la défiscalisation, en partie enfin par l'investisseur (donc vous). Cela implique que vous devrez rajouter chaque mois de l'argent de votre poche. Comme nous le verrons plus loin, il est pratiquement **impossible de trouver des projets qui s'autofinancent en dispositif Pinel**.
Ces biens sont aussi, en général, vendus à un **prix supérieur à ceux du marché**. En effet, les différents intermédiaires (le promoteur, par exemple) prennent leur commission, ce qui dégrade la rentabilité de ces biens. Il est à noter que la commission des intermédiaires de ventes est limitée à 10 % depuis le 1er avril 2020.
Il est également essentiel de **bien choisir la durée de mise en location de ces biens :** il ne peut s'agir que de 6, 9 ou 12 ans (pas 5, 7 ou 10 ans). Si vous ne respectez pas ces durées, vous serez contraint de rembourser au trésor public les aides fiscales perçues !

## Combien cela rapporte-t-il ?

Comme tout bon investisseur, l'un des critères qui vous intéresse le plus est celui de la rentabilité. Un investissement Pinel peut rapporter de 3 à 4 % nets, mais sa recherche doit être scrupuleuse pour optimiser la zone et le bien immobilier.

**LE BON CONSEIL**

Toute rentabilité paie un risque. Si vous cherchez à tout prix une rentabilité élevée, vous allez sans doute la trouver, mais attention, elle cache sans doute autre chose.
Veillez à ce que votre investissement de type Pinel réponde bien à une réalité économique, à un véritable besoin immobilier dans la zone sélectionnée. Afin de vous en assurer, faites le tour des agences immobilières et passez une petite annonce auparavant : vous disposerez ainsi d'un « baromètre » dans la zone convoitée.

### Comment investir ?

Investir dans ce type de dispositif est relativement simple : il existe bon nombre de promoteurs ou conseillers en gestion de patrimoine que vous pourrez solliciter ou qui vous démarcheront. Il est cependant important de faire preuve d'un minimum de prudence : vérifiez la solvabilité des promoteurs, leurs réalisations passées, et essayez de rencontrer d'autres personnes ayant investi par leur intermédiaire.

### Notre conseil

L'investissement Pinel est difficilement compatible avec l'idée première de ce livre : vous constituer un revenu complémentaire sans apport ni ponction mensuelle dans votre trésorerie, et parvenir à un *cash flow* positif entre loyers perçus et mensualités de remboursement du prêt.
Avant le 1er janvier 2021, vous pouviez y parvenir en réduisant au maximum les intermédiaires, par exemple en vous focalisant sur un seul intermédiaire : le promoteur. Vous pouviez aussi utiliser le dispositif Pinel en vous substituant au promoteur. Comment ? En faisant l'acquisition d'un terrain sur une zone éligible, sur lequel vous construisiez deux maisons mitoyennes (*via* un constructeur) aux normes BBC RT 2012, qui vous fournissaient ainsi deux logements locatifs.
Depuis 2021, le dispositif se recentre sur les immeubles collectifs et exclut par conséquent les maisons individuelles.

## BIEN D'HABITATION ANCIEN ENTRANT DANS LE CADRE DU DISPOSITIF DENORMANDIE

### Description

Ce dispositif porte le nom du ministre chargé de la ville et du logement de l'époque de sa création : Julien Denormandie. À l'image du plan Pinel, le dispositif Denormandie a pour objectif d'inciter des particuliers

à investir dans l'immobilier, ancien cette fois, en échange d'un cadeau fiscal. Il vise à rénover les logements anciens et vétustes situés dans les centres des grandes villes françaises.
Cette loi encourage les investisseurs à faire des travaux dans les logements anciens, participant ainsi à l'amélioration du plan Action Cœur de Ville. L'État a souhaité initialement redonner une vraie dynamique aux villes moyennes afin de revitaliser leurs centres-villes qui ont tendance à se désertifier.
Pratiquement, ce dispositif consiste donc en une réduction d'impôt valable uniquement dans l'immobilier ancien. Il a été proposé dans l'optique de simplifier la loi Pinel dans l'ancien, les conditions pour en bénéficier étant relativement contraignantes.
Il n'est plus nécessaire d'effectuer des travaux lourds pour bénéficier de la réduction d'impôt, mais des travaux qui représentent au moins 25 % du coût total du projet (prix net vendeur + travaux).
Depuis le 1er janvier 2020, **tous les logements des villes éligibles**, qu'ils soient en centre-ville ou pas, **peuvent en bénéficier**.

## Avantages

Retenons que ce mécanisme de réduction d'impôts est similaire à ce qui se fait pour le Pinel. Il permet de bénéficier d'une **réduction d'impôt de 12, 18 ou 21 % sur une durée respective de location de 6, 9 ou 12 ans** dans la limite de 300 000 euros par personne et par an et de 5 500 euros par mètre carré de surface habitable.
Un investisseur immobilier souhaitant bénéficier de ce nouveau dispositif fiscal pourrait donc obtenir une réduction d'impôt maximum de 21 % du prix de l'opération (prix d'achat + travaux).

**À SAVOIR**

Selon la nature des travaux à réaliser, vous pourrez également bénéficier d'une TVA à taux réduits : 10 % pour les travaux d'amélioration, de transformation, d'aménagement ou d'entretien, voire 5,50 % pour les travaux de rénovation ou d'amélioration et d'efficacité énergétique.

## Précautions à prendre et inconvénients

Comme tout dispositif de défiscalisation, il y a un cadre à respecter si vous voulez être éligible.

- Les **travaux doivent représenter au moins 25 % du prix du projet** (travaux + prix net vendeur).
- L'**acquisition** du bien devra se faire **avant le 31/12/2022.**
- Le **bien** devra être situé dans une des 300 villes labellisées **Cœur de Ville**.
- S'engager à **louer** son bien **dans le cadre d'une location nue et non meublée, sur une période de 6, 9 ou 12 ans** en fonction de la durée de location envisagée.

Le logement doit être loué à des ménages modestes en tant qu'habitation principale en respectant des plafonds de loyers et de ressources (selon la zone, comme pour le dispositif Pinel).
Il y a également des contraintes sur les types de travaux qui peuvent être pris en compte dans le dispositif. Il n'est pas question, par exemple, de tout démolir pour tout reconstruire ensuite.
Jusqu'à fin 2019, seuls les travaux de rénovation permettant une amélioration de la performance énergétique étaient autorisés :

- isolation des combles ;
- changement de chaudière ;
- isolation des murs ;
- isolation des fenêtres ;
- changement de production d'eau chaude.

Depuis le 1er janvier 2020, on parle de travaux d'amélioration. Un décret paru le 15 avril 2020 précise tout cela. Cela comprend :

- l'amélioration de la performance énergétique comme avant ;
- la modernisation, l'assainissement, l'aménagement ou la création de surface habitable ou de surfaces annexes.

## Combien cela rapporte-t-il ?

À l'instar du dispositif Pinel, un investissement en Denormandie peut rapporter de 3 à 4 % nets. Il faut toutefois prendre garde au risque locatif. Un certain nombre de villes présentent des rentabilités plus élevées, mais le pourcentage de la population qui peut prétendre à la location (eu égard les conditions de ressources) est faible. Selon Meilleurs Agents : « Pour 63 % des villes éligibles, plus de 80 % de la population dépasse les plafonds de ressources ».

## Comment investir ?

Comme il s'agit de biens immobiliers dans l'ancien, on peut facilement en trouver en utilisant les canaux classiques :

- agences immobilières ;
- sites internet spécialisés en immobilier (www.seloger.com, www.leboncoin.fr, www.bienici.com …) ;
- réseau personnel.

Cette fois encore, comme il s'agit d'un investissement immobilier, les basiques doivent être respectés.
Premièrement, s'agissant du bien en lui-même, il doit être :

- proposé au prix du marché (à défaut, sa revente pourrait générer une moins-value) ;
- situé dans un secteur où la demande locative est élevée (proximité de transports, d'un bassin d'emploi dynamique, d'établissements d'enseignement supérieur…).

Deuxièmement, il s'agit de ne pas placer l'avantage fiscal au-dessus de tout le reste et ne pas se laisser aveugler. En effet, les villes éligibles au Denormandie ont pour dénominateur commun de pâtir d'un déficit de vitalité. D'ailleurs, plus de la moitié d'entre elles sont classées en zone « détendue », c'est-à-dire dans des secteurs où l'offre tend à dépasser la demande.
Troisièmement, investir en Denormandie nécessitera plus d'implication que dans un dispositif type Pinel, car le particulier investisseur devra gérer la recherche, le choix du bien et les travaux en direct sans passer par un opérateur.
Ce sera donc de vos arbitrages et de votre implication que dépendra la réussite de votre investissement.

## Notre conseil…

… si vous avez choisi un bien immobilier ancien dans lequel vous souhaitez investir : ce n'est pas parce que vous avez des travaux d'amélioration à réaliser, tout en respectant à la lettre les conditions, que vous devez systématiquement vous orienter vers un dispositif Denormandie.
Ce n'est pas aussi simple.
En particulier, lorsque l'on a des travaux à réaliser, on peut bénéficier du mécanisme de déficit foncier permettant de gommer tout ou partie des revenus fonciers.

**Dans le cas d'un Denormandie, il est possible de bénéficier du déficit foncier pour les travaux qui vont au-delà des 25 % minimal.**
Cependant, il y a un calcul à faire selon la situation de chacun. Retenons que plus le taux marginal d'imposition est élevé et la part des travaux est élevée, plus le mécanisme de déficit foncier sera intéressant.

# BIEN D'HABITATION MEUBLÉ

Investissement : 

Rentabilité : 

Risque : 

Technicité : 

## Description

De même que l'on peut mettre en location une habitation nue, on peut la meubler pour la louer en tant qu'habitation meublée.
Depuis le 1er septembre 2015, il existe une liste officielle de meubles permettant à un locataire de dormir, vivre et manger dans le logement :
- une literie comprenant une couette ou une couverture ;
- un dispositif d'occultation des fenêtres dans les pièces destinées à être utilisées comme chambre à coucher ;
- des plaques de cuisson ;
- un four ou un four à micro-ondes ;
- un réfrigérateur et un congélateur ou, au minimum, un réfrigérateur doté d'un compartiment permettant de disposer d'une température inférieure ou égale à - 6° ;
- des ustensiles de cuisine ;
- une table et des sièges ;
- des étagères de rangement ;
- des luminaires ;
- le matériel d'entretien ménager adapté aux caractéristiques du logement.

Pour mieux louer ce bien, il vaut mieux compléter cette liste d'autres éléments de confort : un téléviseur, un lave-linge et un lave-vaisselle. Vous différencierez votre logement de ceux de la concurrence et pourrez ainsi justifier d'un loyer plus élevé.

## Avantages

Au-delà de la rentabilité plus élevée qu'une location en bien d'habitation nu, l'intérêt est de pouvoir bénéficier de la **fiscalité attractive attachée aux loyers perçus** en profitant de l'une des dernières niches fiscales proposées. Les loyers sont imposables dans la catégorie des bénéfices industriels et commerciaux (BIC), non au titre des revenus fonciers comme pour une habitation nue. Si vous choisissez le régime du bénéfice réel, vous pourrez **déduire l'ensemble des dépenses engagées** (travaux, entretien, intérêt d'emprunt, amortissement du mobilier...) **et surtout l'amortissement de votre bien**. Ainsi, vous pourrez ne pas payer d'impôts sur vos revenus locatifs pendant plusieurs années.

**À SAVOIR**

Le statut de loueur en meublé non professionnel (LMNP) concerne tout bailleur percevant de sa location meublée moins de 23 000 €/an de recettes locatives à l'échelle du foyer fiscal, celles-ci ne devant pas constituer plus de 50 % de ses revenus.
Le statut de loueur en meublé professionnel (LMP) concerne les bailleurs percevant plus de 23 000 €/an de recettes foncières (ou dont les loyers représentent plus de 50 % de leurs revenus). Depuis le 1er janvier 2020, il n'est plus nécessaire d'être inscrit au registre du commerce et des sociétés.

Le bailleur peut **imposer ses conditions au locataire**. Il fixe librement la durée du bail (1 an minimum pour une résidence principale), mais aussi le montant du loyer et le montant du dépôt de garantie. Le préavis est également moins important pour une location en meublé : un mois au lieu de trois.
Il est à noter que depuis la loi ELAN, pour les logements meublés, le **bail mobilité** est apparu. Ce nouveau contrat de location devra être proposé aux futurs **locataires à la recherche d'un logement temporaire** dans les situations suivantes :
- poursuite d'études supérieures ;
- accomplissement d'un stage ou d'un contrat d'apprentissage ;
- suivi d'une formation professionnelle ;
- période de mutation professionnelle ;
- exécution d'une mission professionnelle temporaire ;
- engagement volontaire (service civique).

Sa **durée** est de **1 à 10 mois**. Il n'est pas reconductible (si la durée initiale est inférieure à 10 mois, le bail pourra être prolongé jusqu'à 10 mois maximum grâce à un avenant au contrat de location).

## Précautions à prendre et inconvénients

Le **taux de rotation** des locataires est parfois important. Les frais consécutifs à ce *turnover* (vacance locative, recherche de locataires, rénovation, travaux d'entretien…) engendrent donc une baisse de la rentabilité.
La gestion d'un bien meublé est **chronophage** et demande au bailleur **beaucoup d'implication**. En outre, s'il choisit le régime du bénéfice réel, l'**aide d'un expert-comptable** lui sera indispensable.

## Combien cela rapporte-t-il ?

La location meublée permet d'améliorer la rentabilité d'un bien nu d'environ 10 %, et ce pour deux raisons :

- un logement meublé se loue plus cher qu'un logement loué nu ;
- la fiscalité est plus avantageuse.

## Comment investir ?

Ce type de bien se trouve sur des sites tels que www.seloger.com et www.leboncoin.fr. Il est important de se rendre physiquement sur place afin de juger de l'attractivité du quartier et du bien.

## Notre conseil

Investir dans un bien meublé est intéressant, notamment sur le plan fiscal, mais présente aussi un certain nombre de contraintes à connaître avant de s'engager. Il est notamment important d'être à l'écoute des besoins matériels de ses locataires pour proposer un logement compétitif, mais aussi de promouvoir son bien sur les bonnes plates-formes internet afin d'éviter de trop nombreuses vacances locatives risquant de faire chuter la rentabilité.

# LOCATION COURTE DURÉE

Investissement :

Rentabilité :

Risque :

Technicité :

## Description

De même qu'il est possible de louer un appartement ou une maison à un même locataire pendant plusieurs années, il est envisageable de louer pour quelques jours. Cette activité constitue pour certains un véritable eldorado et représente une alternative très lucrative à la location traditionnelle.

Il est important de bien faire la différence entre la location de courte durée et la location saisonnière. Dans le cas de la première, qui nous intéresse particulièrement, il n'y a pas de saisonnalité. Le taux de remplissage de votre bien ne va pas nécessairement dépendre de la météo ou d'une période de l'année. Dans le cas de la location de courte durée, le taux de remplissage va être relativement constant car il dépend de plusieurs points d'intérêts : visite de la ville, découverte de la région, activités professionnelles (séminaires, formations), etc. Tout ceci fait que votre activité peut fonctionner 365 jours/an.

## Avantages

**La rentabilité dégagée par ce type d'investissement est très intéressante**. Si vous êtes propriétaire d'un logement (appartement, maison, mobil home...) situé dans une ville où la demande est forte (dans une zone touristique par exemple), la location de courte durée permet de générer un revenu de ce bien. En effet, un bien loué à la semaine générera plus de revenus que le même bien loué à l'année. De manière générale, on peut compter sur un loyer multiplié par 3 par rapport à de la location traditionnelle.

**Le risque de loyer impayé est très faible**, voire quasi inexistant. En effet, le client paie lors de la réservation du bien. Pour prendre une image, c'est exactement comme la réservation d'un billet d'avion : on paye avant de faire son vol. Ici, c'est exactement le même mode de fonctionnement, le client va payer son loyer avant de réaliser son séjour dans votre bien.

Le risque zéro n'existe pas, mais il y a généralement assez **peu de dégradations dans le cadre de la location de courte durée**. Vous demanderez la plupart du temps une caution lors de l'entrée dans le bien que vous

restituerez à la sortie si tout est conforme. Cette caution est souvent assez dissuasive. Si le client ne détériore rien, il n'a rien à craindre et récupère la totalité de la somme. En revanche, si ce n'est pas le cas, vous gardez la somme et cette dernière couvre généralement une large partie des dégâts. Par ailleurs, vous pouvez bénéficier de votre patrimoine pour en profiter à titre personnel, notamment si sa localisation est touristique, ou bien pour en faire profiter la famille.
Enfin, comme les revenus sont importants, vous pouvez faire exploser votre patrimoine si vous réinvestissez dans le même type de bien immobilier.

## Précautions à prendre et inconvénients

**LE BON CONSEIL**

Si votre bien est dans une copropriété, il faut s'assurer que le règlement de copropriété ne comporte pas la notion de clause d'habitation bourgeoise exclusive ; sinon, vous ne pourrez pas faire de location de courte durée.

Faire de la location de courte durée n'est pas aussi simple qu'il y paraît. Il est important de s'informer sur la réglementation et de la suivre.

- Deux cas majeurs sont à distinguer :
  - vous souhaitez louer votre résidence principale ;
  - vous souhaitez louer votre résidence secondaire ou un bien dans lequel vous avez investi.
- Dans le cas dans la résidence principale, la déclaration en tant que meublé de tourisme (auprès de la police administrative de la mairie) devient systématique dans la majorité des grandes villes de plus de 200 000 habitants. Cela permet de récupérer un numéro d'enregistrement et, pour les villes, de contrôler ce phénomène de location de courte durée.
- La demande de changement d'usage n'est pas nécessaire. En revanche, une résidence principale ne peut pas être louée plus de 120 jours par an. Certains opérateurs (comme Airbnb) ont mis en place des outils automatiques qui limitent les locations à 120 jours.
- Dans le cas de la résidence secondaire ou pour un bien dans lequel vous avez investi, Vous devez déclarer votre activité :
  - au greffe du tribunal de commerce (car cette activité est une activité commerciale qui dépend du régime BIC (Bénéfices Industriels

et Commerciaux) et que vous devez être déclaré comme Loueur Meublé Non Professionnel (LMNP)) ;
  - à la police administrative (comme pour la résidence principale, cela permet d'avoir un numéro d'enregistrement et d'être considéré comme meublé de tourisme) ;
  - à la direction de l'urbanisme : dans certaines communes, il est nécessaire de réaliser un changement d'usage et certaines demandent même de prévoir une surface de compensation (dans ce cas, passez votre chemin car votre projet sera difficilement rentable) ; c'est donc auprès de cette direction que vous trouverez toutes les informations nécessaires ;
  - à la direction de la fiscalité locale (en tant que meublé de tourisme, vous devez donc collecter la taxe de séjour et la reverser à la municipalité, cette déclaration vous permet de respecter ce point).
- Dans le cas d'un bien entièrement dédié à la location de courte durée, il est nécessaire de vérifier et de déclarer un certain nombre d'éléments sous peine de se voir infliger des sanctions par la suite. À noter également que toutes les villes ne pratiquent pas la même politique, à vous de prendre cela en compte.

**L'accueil** : ce point peut constituer l'un des freins principaux. Si l'on ne vit pas sur place, il faut trouver une personne de confiance, sérieuse, aimable, honnête, sachant être ferme si le besoin s'en fait sentir, capable de composer avec les locataires toujours plus exigeants, et autonome pour résoudre tous les petits problèmes éventuels. Il faut aussi faire un état des lieux à l'entrée et à la sortie du locataire et gérer le ménage. Des agences peuvent effectuer ce travail contre une importante rétribution (20 à 30 % du prix de la location), mais traiter avec de jeunes retraités de confiance serait probablement plus économique !

**L'entretien** : la multiplicité des locataires va nécessairement entraîner un risque plus important de vieillissement prématuré. Nul besoin de rappeler que vous maximiserez vos chances de diminuer les périodes d'inoccupation si votre bien est propre et neuf plutôt que défraîchi ! Pour cela, il faudra donc prévoir un budget travaux d'entretien d'environ un loyer par an.

**Le mobilier** : qui dit location de courte durée dit location meublée et donc meubles ! Il faudra donc être prêt à consacrer un peu de temps et de budget (15 % de la valeur du bien environ) à l'équiper. Il faut faire beau et bien, la qualité perçue est importante.

**La responsabilité** : vous êtes civilement responsable de ce qui pourrait advenir à vos locataires du fait de l'usage qu'ils ont du bien. Des normes existent et il faut les respecter.

**La comptabilité** : une comptabilité rigoureuse sera à tenir à jour avec toutes les entrées et sorties de vos locataires afin d'être en mesure de présenter une tenue de vos comptes « propres » d'un point de vue fiscal. Un expert-comptable est donc nécessaire.

## Combien cela rapporte-t-il ?

La rentabilité d'un meublé en location saisonnière est bien supérieure à celle d'un bien d'habitation nu. Elle est cependant très variable selon que vous êtes en mesure d'en assurer les entrées/sorties. Il faut donc prévoir plus de temps à lui consacrer que pour un meublé classique.
Toutefois, même si vous déléguez une partie du processus, cette activité reste très rentable. Classiquement, il est intéressant de faire de la délégation terrain et de garder la partie réservation en amont.
Il n'est pas rare de pouvoir dégager une rentabilité supérieure à 10 % même en déléguant une partie du processus.

## Comment investir ?

Dans un premier temps, il faut bien choisir sa ville. Quoi qu'il en soit, il faut éviter Paris qui est un marché très spécifique et dans lequel les tickets d'entrées sont très élevés. Il est préférable de s'orienter vers une ville plus classique et se concentrer pour satisfaire certains critères :

- une clientèle de passage tout au long de l'année (Toulouse, Bordeaux, Marseille, Limoges, Clermont-Ferrand…) ;
- des centres d'intérêts économiques (industrie, tertiaire…) ;
- des centres d'intérêts touristiques (musées, parcs d'attraction, thermes…).

Ensuite, il faut réaliser une étude de marché afin de vérifier que votre proposition va réellement répondre à un besoin et donc satisfaire une équation économique. Pour ce faire, vous allez avoir recours à trois outils :

- Google Maps, qui va vous permettre de localiser les adresses des différents hôtels. Cette information est intéressante car la plupart d'entre eux font appel à des études sur mesure pour savoir où s'installer.
- Leboncoin, pour publier des annonces qui vous permettront de savoir si votre bien suscite un intérêt ou pas. Si vous n'avez pas d'appels, c'est un signe.
- Enfin Airbnb, dans lequel vous pourrez consulter les calendriers des biens concurrents au vôtre. S'ils sont pleins, c'est plutôt positif car

cela signifie qu'il y a beaucoup de demande. S'ils sont vides, il ne faut pas s'arrêter à ce point mais vérifier si les biens sont réellement intéressants (regardez les commentaires).

## Notre conseil

Ce type de choix requiert un investissement personnel important lors du choix des biens immobiliers et de leur gestion locative. Toutefois, ce n'est pas insurmontable. Si vous êtes rigoureux et ordonné, c'est tout à fait possible, d'autant que vous pouvez déléguer une partie du processus. Afin de louer vos biens, il est important de multiplier les canaux de réservation ou de communication. Si vous vous cantonnez à faire une annonce sur Leboncoin et attendre, vous risquez d'être déçu... Vous avez à votre disposition toute une gamme de vecteurs de distribution et de partenaires sur lesquels il faut compter :

- Airbnb ;
- Morning croissant ;
- Booking.com ;
- Abritel ;
- Clevacances.com ;
- Gites-de-France.com.

Par ailleurs, la crise sanitaire de 2020 a montré que le calcul de rentabilité de ce type d'investissement devait s'appuyer sur des hypothèses raisonnables. En effet, lorsqu'il n'y a pas de locataire à cause d'un confinement, les mensualités de prêt doivent continuer d'être honorées.

**À SAVOIR**

Pour la gestion de votre activité, vous avez la possibilité de faire appel à un « channel manager » qui vous permettra de gérer au mieux la réservation de vos biens. Il vous permet de professionnaliser cette partie du processus et de ne pas fonctionner à l'ancienne avec des agendas ou des fichiers Excel qui sont rapidement dépassés et inadaptés.
Il est également nécessaire de s'équiper rapidement afin de pouvoir par exemple encaisser les clients qui vont naturellement vouloir payer leur réservation par carte bancaire. Tout cela est à prévoir dans la mise en place de votre organisation.

# LOGEMENT ÉTUDIANT

Investissement : 

Rentabilité : 

Risque : 

Technicité : 

## Description

Dans la grande famille des biens d'habitation meublée, les logements étudiants constituent une niche très intéressante.
On peut parler ici de location de moyenne durée. Il est possible de proposer un bail classique, étudiant 9 mois ou mobilité.
Le marché est de plus en plus porteur car les demandes s'envolent dans certaines villes. Cela est dû au fait, entre autres, que les baby boomer nés en 2000 sont actuellement en âge de poursuivre des études.

## Avantages

La rentabilité dégagée par ce type d'investissement est très intéressante.
Les logements étudiants étant des meublés, ils bénéficieront :

- de **loyers plus chers** que la location classique (environ + 15 %) ;
- D'une **fiscalité plus souple :** la gestion en Loueur Meublé Non Professionnel (LMNP) amortit une partie des biens.

Par ailleurs, le meublé étudiant offrira **plus de sécurité** en termes de taux d'occupation et de paiement des loyers (caution parentale).
Enfin, dans une certaine mesure, on pourra augmenter le rendement en **proposant des offres ciblées** vers les étudiants.

## Précautions à prendre et inconvénients

Lorsque l'on souhaite investir dans un logement étudiant, il est essentiel qu'il respecte au moins 4 critères importants :

- **Privilégier des studios** dans des constructions qui ont au moins l'âge de leur locataire, mais moins que celui de leurs parents. L'idée est de ne pas surpayer le bien, mais de rester dans des standards de normes relativement récentes.
- Proposer une **surface minimum d'une petite vingtaine de mètres carrés** ;

- Veiller à ce que les **charges n'obèrent pas le montant du loyer de plus de 20 %** : on s'adresse à des étudiants qui n'ont pas des ressources importantes ;
- Disposer d'**éléments permettant de distinguer votre logement des autres**. C'est le critère décisif pour rendre votre logement attractif. Exemple : cave à vélo, parking, lave-linge, Internet, engagement de réactivité en cas de problème, communication en anglais pour s'adresser à tous les étudiants anglophones et qui constituent un vivier supplémentaire.

**LE BON CONSEIL**

La rentabilité de votre investissement dépendra du bon respect de l'état de votre logement. Il faudra être attentif au choix que vous allez faire lors de la recherche de vos locataires. Vous restez malgré tout maître de votre choix et il est donc important de bien mettre en place un système de critères qui vous permette de vous aider à choisir le bon candidat.
Il est possible de demander un dépôt de garantie pouvant couvrir 2 mois de loyer (hors bail mobilité) et ainsi sécuriser les éventuelles dégradations qui pourraient être commises. Précisons par ailleurs que ce dépôt de garantie est souvent avancé par les parents eux-mêmes, ce qui peut aussi dissuader certains étudiants de faire des écarts.

## Combien cela rapporte-t-il ?

Compte tenu des différents paramètres que nous venons de voir, il n'est pas possible de donner de chiffres exacts. Cependant, il n'est pas impossible d'atteindre une **rentabilité brute de l'ordre de 15 %** sur un investissement dans un logement étudiant.
Il est d'ailleurs possible d'améliorer le rendement de votre investissement en profitant des périodes estivales pour les mettre en location saisonnière si votre bien se situe dans une ville touristique qui s'y prête. Il sera donc pertinent de proposer un bail étudiant 9 mois meublé à votre locataire.

## Comment investir ?

Il est important d'être attentif à 4 indicateurs avant de se lancer :

- Premièrement, le **bassin d'étudiants** doit être **dynamique**. Généralement, il faut regarder le ratio du nombre d'étudiants sur la population globale (**taux d'étudiants**), qui doit être supérieur à 8 % pour assurer un potentiel suffisant.
- Le deuxième indicateur réside dans le fait de **connaître l'offre déjà disponible** car vous n'êtes pas seul. Un bon moyen de la connaître est de faire une petite étude de terrain en se rapprochant d'agences immobilières pour savoir si le bien se trouve dans une zone où il y a une offre importante ou si le marché y est tendu. Cette **demande locative** est accessible sur le site **www.locservice.fr/tensiometre.**
- Le troisième critère est celui de la **rentabilité**, en considérant le ratio entre le loyer que vous pouvez dégager et le coût total du studio.
- Le dernier critère est le **loyer minimum** pratiqué dans la ville visée afin que le temps que vous passez à cet investissement soit correctement rémunéré.

Par ailleurs, la localisation est déterminante.
**Être au cœur d'un campus pour un logement étudiant est un atout, mais ce n'est pas le seul critère**. Il est pertinent de **trouver un compromis entre le campus et d'autres commodités**, dont les transports.
Par exemple, un bien situé en centre-ville et à 10 minutes en transport en commun du campus peut être plus intéressant qu'un bien à proximité du campus mais sans commodités.
D'autant que certains campus peuvent évoluer et changer de situation géographique. Regardez par exemple ce qui se passe avec le Grand Paris et le fait que certaines grandes écoles quittent leurs sites historiques pour rejoindre le plateau de Saclay.
L'avantage de cette stratégie est que vous êtes certain que votre logement sera toujours loué, même si votre cible change à terme (si la demande étudiante venait à diminuer, par exemple).
Finalement, il faut garder en tête les fondamentaux :

- proximité des transports ;
- proximité des commerces ;
- quartier agréable et en développement.

## Notre conseil

La demande étant de plus en plus forte et les surfaces étant plus faibles, les logements étudiants dégagent une **rentabilité plus élevée qu'un meublé**

**classique**. Il est préférable de **privilégier un bon niveau d'équipements** ciblés vers les étudiants, afin d'émerger des offres concurrentes. La **localisation doit être également choisie soigneusement** sur la base de tests d'annonces et dans les forums étudiants.

# PARKING, GARAGE ET CAVE

Investissement :

Rentabilité :

Risque :

Technicité :

## Description

Quand on parle d'immobilier, il y a des solutions auxquelles on ne pense pas forcément et qui sont pourtant à portée de main. Lorsque l'on imagine un achat immobilier dans le but de le louer, le réflexe est de penser à un studio car on a un budget serré ou une capacité d'emprunt relativement faible. Mais il existe des biens immobiliers autres que les maisons et les appartements, surtout lorsque l'on se trouve dans des agglomérations importantes, à forte densité de voitures : les parkings, les garages et les caves.
Observez les petites surfaces dans Paris, comme les chambres de bonne. Il y a quelques années, certains investisseurs se sont construit des fortunes en les achetant très bon marché et en les louant à prix d'or car il la demande était bien supérieure à l'offre. Les parkings, garages et caves fonctionnent sur le même schéma dans les grandes agglomérations.

## Avantages

Le premier avantage est celui du **prix**. Il est bien moins élevé que celui d'un appartement ou d'une maison. Ainsi, c'est une bonne solution pour se lancer dans l'investissement immobilier sans prendre trop de risques. Si votre investissement ne dégage pas la rentabilité attendue, vous aurez moins de regrets sur un parking que sur un appartement de 250 $m^2$ !
Dans les grandes agglomérations, les parkings et les caves peuvent se louer facilement avec un loyer élevé car la **demande** y est **forte**. Vous aurez donc le luxe de pouvoir choisir votre locataire parmi un panel important.
Comparé à un logement classique, les **dégradations sont rares, voire absentes** même si cela peut arriver dans le cadre d'un box fermé.

S'il n'est pas loué en complément d'un local à usage d'habitation, le parking, le garage ou la cave, répondent au Code civil et non pas à la loi du 6 juillet 1989. Le Code civil est beaucoup plus souple pour le bail de location : sa durée est libre (à l'année, au mois, à la semaine) ainsi que le montant du loyer (à vous de trouver un montant qui répond à l'équation économique de la zone dans laquelle se situe le bien et la demande associée).

### Précautions à prendre et inconvénients

Les **frais de notaire sont plus importants proportionnellement**, car une partie est fixe, mais ils sont limités à 10 % depuis la réforme Macron de 2016. Vous pouvez réduire ces frais en achetant un lot de parkings ou de caves.
Si vous avez un **turnover important**, la gestion locative vous prendra beaucoup de temps au regard du montant des loyers perçus.
Si votre parking se trouve dans une copropriété, attention aux **charges qui peuvent être importantes** en fonction des travaux envisagés dans la copropriété. Une partie des charges est récupérable auprès du locataire, mais il en restera toujours une autre que vous devrez assumer.
Attention à vous assurer que les politiques restrictives vis-à-vis de l'automobile dans certains centres-villes ne réduisent pas la demande sur les parkings et garages.

### Combien cela rapporte-t-il ?

La rentabilité des parkings n'atteint plus les 9 à 10 % des années 2000. Cela étant, il n'est pas déraisonnable de tabler sur un rendement oscillant entre 6 et 8 %. La rentabilité locative annuelle d'un investissement pour un parking en Île-de-France s'élève en moyenne à 7,5 %, selon le magazine *Challenges*, contre 6,85 % à Marseille et à Lyon.
La rentabilité des caves est plus élevée mais dépend fortement de la ville, de l'arrondissement dans laquelle elle se trouve et de son accessibilité.

### Comment investir ?

Ce type de bien se trouve sur les sites traditionnels tels que www.seloger.com et www.leboncoin.fr. Des agences immobilières peuvent également traiter ces demandes.

**À SAVOIR**

Pour vous aider à trouver des locataires, des sites se sont spécialisés dans la location de places de parking :
- www.monsieurparking.com
- www.prendsmaplace.fr
- www.pap.fr (rubrique garage, parking)

Si vous envisagez d'investir dans un emplacement situé dans un parking souterrain, ne négligez pas son positionnement : les places au 1er sous-sol et les plus proches des issues (ascenseurs et escaliers) sont très recherchées.

## Notre conseil

Comme pour tout investissement immobilier, l'emplacement de votre parking ou de votre cave est primordial pour assurer sa rentabilité. Votre bien se louera d'autant mieux s'il se situe dans une zone où il est difficile de stationner ou si le prix au $m^2$ est élevé. Privilégiez donc les grandes villes, et plus particulièrement les centres-villes dans des zones où les immeubles n'ont pas ou peu de garages.

**LE BON CONSEIL**

Dans le cas des caves, il est important de prendre en compte plusieurs critères qui vont permettre de mettre en valeur votre proposition de stockage :
- L'accessibilité (pouvoir se garer pour décharger facilement, avoir accès au local aisément).
- La nature du sol (pour conserver plus facilement les objets stockés au sec).
- Une porte blindée pour assurer la sécurité du contenu (avec, pourquoi pas, un digicode).
- Une source d'électricité.

Comme pour les parkings, des sites spécialisés pour mettre en relation des particuliers pour trouver des caves de stockage ont fait leur apparition :
- www.jestocke.com
- www.costockage.fr

# SOUPLEX

Investissement :

Rentabilité :

Risque :

Technicité :

## Description

Tout le monde connaît ou a déjà entendu parler des duplex, qui désignent des logements à 2 étages. Il existe même des triplex sur 3 étages.
À l'instar du duplex, le souplex est un duplex inversé constitué d'un rez-de-chaussée et de son sous-sol.
Ce type de bien est plutôt rare, puisque les rez-de-chaussée ne représentent que 10 % du marché immobilier de Paris. De plus, sur ces 10 %, seulement 5 à 8% de ce type de bien est « souplexable ». Il s'agit donc d'une micro-niche, et d'une opportunité rare. Pour autant, comme vous allez le voir, ce type de bien n'est pas dénué d'intérêt.

## Avantages

Le premier avantage est qu'un souplex est une sorte de duplex à prix cassé. En effet, à surface égale, un bien situé en rez-de-chaussée coûte 10 à 15 % de moins qu'un deuxième étage.
De plus, le prix au mètre carré d'un sous-sol est inférieur d'environ 50 % par rapport au rez-de-chaussée. Autre avantage d'un rez-de-chaussée : les charges de copropriété sont moins lourdes (ascenseurs).
Le deuxième avantage est que le montant des loyers en rez-de-chaussée reste proche de ceux des étages. Le rendement locatif, c'est-à-dire le ratio entre le loyer annuel et le coût à l'achat, est donc bien plus favorable dans le cas des souplex. En d'autres termes, la décote sur l'achat est plus élevée que la décote sur la location, donc la rentabilité est meilleure.
Le troisième avantage est que ce type de bien atypique peut répondre aux besoins des professions libérales (médecin par exemple) avec un accès direct au rez-de-chaussée et un bureau à l'étage inférieur.

## Précautions à prendre et inconvénients

Si vous disposez d'un rez-de-chaussée avec une cave en-dessous, vous pouvez décider de l'aménager en souplex, mais attention, il y a quelques démarches à entreprendre et quelques astuces à avoir en tête.

Avant toute chose, **vérifiez que la transformation est légale** et consultez la mairie. Par exemple, cet aménagement est interdit dans les zones inondables (concernées par un plan de prévention du risque inondation).

Une fois que vous avez la certitude que l'adaptation est possible à la fois techniquement et légalement, vous devez **obtenir l'accord de l'assemblée des copropriétaires** ou vérifiez que le vendeur l'a obtenu.

Avant l'aménagement, vous devrez **déposer une autorisation préalable de travaux en mairie** au service urbanisme.

Enfin, les travaux achevés, vous n'oublierez pas d'avertir l'administration fiscale afin que cette dernière révise vos impôts locaux.

En ce qui concerne les travaux, il ne s'agit pas d'une simple rénovation comme cela se fait sur des appartements en étage. Très souvent c'est sur ce point qu'il peut y avoir des déconvenues. Les points de vigilance sont :

- L'aération et la ventilation, car un sous-sol est toujours plus humide. Il ne faut pas hésiter à mettre en place une double ventilation.
- Si l'on souhaite installer une salle d'eau ou des WC, il faudra certainement installer une pompe de relevage.
- Prévoir une bonne isolation aux infiltrations (il faut traiter les murs).
- L'arrivée de lumière (puits de lumière, plafond de verre ou éclairage spécifique).
- L'escalier pour accéder à ce nouvel espace.

Retenons qu'en général l'aménagement d'un souplex engendre des travaux qui se chiffrent à environ 1 500 €/m² alors qu'une rénovation d'un appartement en étage coûte en moyenne 1 000 €/m².

## Combien cela rapporte-t-il ?

La réponse à cette question, comme souvent, n'est pas évidente, chaque cas étant particulier et dépendant avant tout de la localisation du bien et de son état.

Ce type de bien se gère comme n'importe quel autre bien locatif. Soit en logement nu, soit en logement meublé avec les régimes qui leur sont associés en fonction de votre situation fiscale. En plus de l'avantage du prix d'achat moins élevé, on peut donc s'attendre à une rentabilité comprise entre 0 et 10 %.

## Comment investir ?

Comme pour beaucoup de supports d'investissement immobilier, il existe des sites dédiés soit aux souplex, soit plus généralement aux rez-de-chaussée :

- https://www.vivre-en-rez-de-chaussee.fr
- https://rez-de-chaussee.com

Sur des sites comme se loger.com, il est également possible de faire des requêtes personnalisées sur des biens en rez-de-chaussée.
Si vous êtes particulièrement intéressés par ce type de biens, vous pouvez enfin vous orienter vers certains locaux commerciaux dotés d'une cave, et prévoir un changement d'affectation.

## Notre conseil

Pour éviter des excès de la part de certains investisseurs mal intentionnés, type marchand de sommeil, un cadre réglementaire existe.
Dans la majorité des cas, les pièces en souplex ne sont pas reconnues comme des surfaces habitables par le service de l'urbanisme des villes, car elles ne répondent pas aux normes d'habitabilité définies par la loi : par exemple, pouvoir disposer d'une fenêtre à moins de 1,8 m du sol pour pouvoir la considérer assurément comme une pièce à vivre.
De ce fait, généralement, on y installe plutôt une pièce dédiée à une activité, comme un bureau, un home cinéma, une salle de jeux, une réserve...
Bien entendu ces exigences entrent dans le cadre d'un investissement locatif. Si vous êtes propriétaire, rien ne vous empêche d'y installer votre chambre.

**À SAVOIR**

Il est également possible de faire l'acquisition d'un sous-sol aménagé uniquement en vue de le louer. Bien entendu, ce ne sera pas pour de l'habitation. Cependant, moyennant les précautions d'aménagement, il est possible de proposer une location pour par exemple :

- du stockage ;
- de l'enregistrement de son (studio) ;
- l'installation d'une cave à vin.

Dans ce cas, il faudra également prévoir une porte blindée afin de préserver le contenu de cet espace.

# EHPAD

Investissement :

Rentabilité :

Risque :

Technicité :

## Description

Les EHPAD, Établissements d'Hébergement pour Personnes Agées Dépendantes, sont des résidences de services accueillant des personnes qui ne sont plus autonomes, et qui bénéficient de services spécialisés : assistance médicale 24 h/24 et 7 j/ 7, restauration, laverie, animation.
Selon une étude menée par le cabinet Ernst & Young :

- Le nombre de personnes de plus de 85 ans va quadrupler d'ici 2050.
- 30 % de ces personnes seront dépendantes.

Cela montre bien le potentiel de ce type d'investissement.
Concrètement, investir dans un EHPAD revient à y faire l'acquisition d'une chambre. Cette chambre sera louée à une personne âgée dépendante *via* un gestionnaire exploitant.

## Avantages

Le **statut de LMNP** (Loueur Meublé Non Professionnel) ou **de LMP** (Loueur Meublé Professionnel) **est particulièrement favorable fiscalement ici.** En effet, il permet de récupérer la TVA sur le prix d'achat (en fonction de certaines contraintes à respecter) et de bénéficier d'un amortissement sur le bien.
Le **bail commercial** signé avec le gestionnaire reste **très protecteur pour l'investisseur.** Il apporte en outre une **sécurité locative sur le long terme**, puisque c'est le gestionnaire qui se charge non seulement des aspects administratifs mais également de trouver des locataires.
L'espérance de vie augmente, mais l'espérance de vie en bonne santé diminue. **Les besoins dans ce type de prestations vont donc croître**.

## Précautions à prendre et inconvénients

Moins conventionnel qu'un investissement immobilier, il n'en demeure pas moins que l'investissement dans un EHPAD est assujetti à certaines mêmes règles de bon sens, celle de **l'emplacement** en particulier : il faut qu'il soit à proximité d'un hôpital ou d'un centre médical.

On veillera à ce que les articles 605 et 606 du Code civil – assurer le clos et le couvert, c'est-à-dire un toit et les murs (606), mais également les réparations coutumières (605) – soient **à la charge du gestionnaire, en l'indiquant de manière explicite dans le bail**. (Ceci n'est plus obligatoire depuis la loi Pinel de 2014, mais certains exploitants acceptent encore de le faire).
Une attention toute particulière sera portée au **taux d'occupation de l'établissement** : même si le gestionnaire vous doit un loyer quel que soit ce taux, un taux d'occupation trop faible risque de fragiliser le gestionnaire.

Il est essentiel de vérifier aussi la **solidité financière du gestionnaire** : reportez-vous aux classements des meilleurs groupes d'exploitation existant sur ce marché. Un partenaire solide est l'une des conditions de réussite de ce type d'investissement. Les récents événements liés à la crise sanitaire de la COVID-19, ont mis en lumière l'importance du gestionnaire et les conséquences négatives résultantes en cas de mauvais choix. Le gestionnaire est un élément clé de la réussite de votre projet d'investissement.
Attention encore à l'**évolution des charges**, qui peuvent devenir très élevées si l'évolution de normes et l'installation de matériel médical spécialisé sont nécessaires.
La **revente de ce type de bien peut s'avérer plus compliquée** que celle d'un bien d'habitation classique. Il faut souvent avoir recours à des professionnels du secteur. Cela dit, il existe un marché de l'occasion (voir encadré « À savoir » ci-dessous).

## Combien cela rapporte-t-il ?

De même que la rentabilité d'autres investissements immobiliers, celle d'un investissement dans un EHPAD n'est plus aussi élevée que par le passé. Il n'est cependant pas déraisonnable de tabler sur une rentabilité de l'ordre de 4 à 5 % nets. Vous pourrez parfois trouver des opportunités, en rachetant à des investisseurs immobiliers qui souhaitent s'en séparer, des chambres en EHPAD dont le taux de rentabilité est plus élevé.

## Comment investir ?

Pour investir dans ce type de bien, mieux vaut passer par un gestionnaire de patrimoine spécialisé dans ce secteur. Peu d'agences immobilières s'intéressent à ce type de biens.

## Notre conseil

Pour ce type d'investissement, ne cherchez pas nécessairement la rentabilité la plus élevée possible. Il vaut mieux vérifier que votre investissement corresponde bien à une réalité économique de la région dans laquelle vous avez choisi d'acheter.

> **EN PRATIQUE**
>
> Acheter une chambre 200 000 € dans un EHPAD de la région parisienne a du sens, alors qu'en province ce n'est pas très cohérent. Si vous souhaitez vraiment investir 200 000 € et en province, achetez plutôt deux chambres à 100 000 €.

> **À SAVOIR**
>
> Il est possible d'investir dans un EHPAD en l'achetant 30 % de moins que le prix du marché. En effet, il existe un marché secondaire des EHPAD d'occasion. Cette formule présente plusieurs avantages :
> - une rentabilité plus élevée de 1 à 1,5 % que sur un EHPAD neuf ;
> - la perception immédiate des loyers ;
> - la possibilité de visiter l'établissement et de disposer d'un historique des paiements, des travaux et du taux d'occupation.

# IMMEUBLE DE RAPPORT

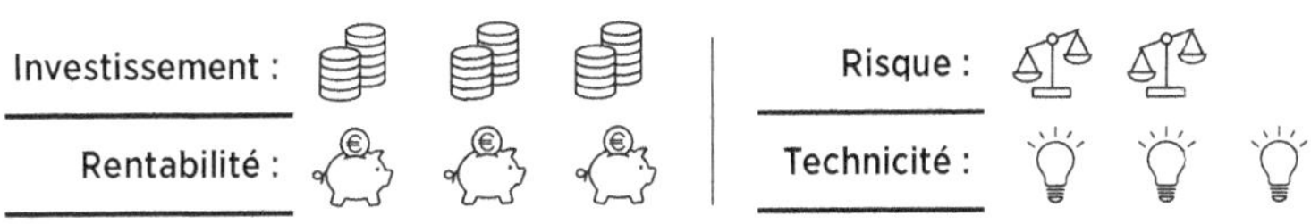


## Description

Vous connaissez certainement l'avantage d'acheter en gros : vous disposez d'un pouvoir de négociation bien plus grand pour réduire le prix de votre achat.

Transposé à l'immobilier, l'achat en gros est un investissement dans un immeuble de rapport, c'est-à-dire le regroupement de plusieurs appartements.

## Avantages

Le **prix de revient au m²** de chaque appartement est, en général, moins élevé. De **grosses économies** sont obtenues lors de l'achat, car les frais de notaire et de dossier bancaire, entre autres, sont réduits par le nombre d'acquisitions.
Les travaux éventuels sont moins élevés au m² puisqu'on peut réaliser des **économies d'échelle avec les fournisseurs de matériaux et les entrepreneurs**.
Les lourdeurs de la copropriété sont en partie évitées, car, comme vous êtes **propriétaire de l'ensemble des biens de la copropriété**, vous en maîtrisez les décisions et pouvez ainsi réaliser de réelles économies (syndic par exemple).
« Le temps c'est de l'argent », dit l'adage populaire. La gestion d'un immeuble en est la preuve : **gain de temps** pour les visites et les rendez-vous de financement lors de l'achat, pour la gestion et l'entretien des biens puisqu'ils sont tous à la même adresse, pour la conduite des tâches administratives, notamment au niveau comptable et fiscal…
Il est possible de **mieux valoriser l'immeuble en modifiant sa configuration** : on peut aménager un grenier ou transformer deux appartements en un duplex, par exemple.

## Précautions à prendre et inconvénients

Avant toute chose, assurez-vous auprès du **service de l'urbanisme de la mairie** que le bien convoité est bien en adéquation avec ce qui est enregistré au cadastre. Par exemple, si la division par lots n'est pas réalisée, aurez-vous l'autorisation, dans la zone où elle se situe, de transformer la maison choisie en deux logements ?
Assurez-vous, auprès de ce même service, du **nombre de places de parking minimal** à garantir pour chaque logement. Ce nombre est indiqué dans le Plan Local d'Urbanisme (PLU) de chaque municipalité.
Vérifiez que les **compteurs (eau, électricité, gaz) sont séparés**. Si ce n'est pas le cas, vous aurez à en assumer la gestion et la responsabilité vis-à-vis des compagnies d'eau et fournisseurs d'énergie.
Ce type d'investissement **limite la diversification géographique** pourtant nécessaire quand on constitue un patrimoine immobilier (le risque est concentré). Il est donc essentiel de veiller à sélectionner une zone dans

laquelle la demande existe. Pour cela, on s'assurera que les critères économiques (taux de chômage…) et démographiques (évolution de la population…) sont positifs. Des tests de petites annonces viendront confirmer ces indicateurs.
Une ville ou un quartier peut rapidement évoluer : renseignez-vous sur les projets de la ville, de ses entreprises et industries afin d'inscrire votre projet d'investissement de manière pérenne.
Il est indispensable de **savoir s'entourer d'architectes et de professionnels du bâtiment afin d'évaluer précisément l'ensemble des différentes composantes** (fondations, toitures, isolation, normes électriques, gaz…).
Le principe de l'achat en gros veut que, pour que le bien unitaire revienne moins cher, il faut en acheter plusieurs. **L'investissement de départ est donc plus élevé**.
Il faut rester **très attentif à la qualité des locataires** : chaque appartement loué disposera d'un contrat de bail avec un loyer versé mensuellement.

**LE BON CONSEIL**

Afin de ne prendre aucun risque, demandez au vendeur de vous montrer les relevés du compte sur lesquels les loyers sont versés.
Demandez-lui également le détail de l'ensemble des charges d'exploitation (taxes, eau, électricité, gaz, charges éventuelles).

Le jour où vous souhaitez (ou devez) revendre, il faudra vous séparer de la totalité de votre immeuble de rapport mais il faut bien garder en tête que ce type de bien est, par définition, moins liquide. Vous pouvez envisager d'effectuer une **revente à la découpe**, c'est-à-dire appartement par appartement, mais les contraintes administratives sont nombreuses. En particulier, une copropriété sera à créer. Cela dit, si vous y parvenez, la revente à la découpe s'avère souvent très profitable, elle vous permet notamment de revendre l'un de vos appartements pour vous désendetter.

## Combien cela rapporte-t-il ?

Ce type de bien permet d'envisager une rentabilité brute autour de 10%. Si votre intention est de garder sur le long terme votre immeuble de rapport, vous devez étudier attentivement l'investissement *via* une SCI (Société Civile Immobilière) à l'IS (Impôt sur les Sociétés). En effet, cela

vous permet d'optimiser votre fiscalité. Attention toutefois aux conséquences à la revente sur la plus-value.
Le calcul de la rentabilité doit également intégrer 17,2 % de prélèvement sociaux. Toutefois, dans certains cas, une partie de la CSG est déductible des revenus imposables (6,8 %).

**ATTENTION**

Afin d'éviter que la fiscalité (*a fortiori* si vous êtes fortement imposé) ne grève la rentabilité de l'opération, l'idéal est d'emprunter la totalité du prix du bien et de rechercher un bien avec des travaux de rénovation importants, qui permettront de bénéficier du déficit foncier (si les logements sont loués nus). Précisons que le bien devra être conservé jusqu'au 31 décembre de la troisième année qui suit son acquisition.

### Comment investir ?

Ce type de bien se trouve sur les sites traditionnels tels que www.seloger.com et www.leboncoin.fr. Certaines agences immobilières se sont également spécialisées dans ce genre d'investissement. La meilleure manière reste de se constituer un réseau d'informateurs auprès de personnes en lien avec l'immobilier (notaires, agents immobilier, banquiers, courtiers, maîtres d'œuvre…).
Même si ce support d'investissement s'appelle « immeuble de rapport », cela ne signifie pas pour autant qu'il faille des sommes très importantes pour y accéder. Il est tout à fait possible de trouver des biens intéressants en province entre 50 000 et 100 000 €. La province est d'ailleurs une porte d'entrée à privilégier pour ce type d'investissement, en gardant en tête que celui-ci doit toujours répondre à un besoin du marché.

### Notre conseil

Investir dans un immeuble de rapport est incontestablement intéressant. Selon nous, il s'adresse aux investisseurs ayant idéalement déjà investi et disposant d'une surface financière suffisante au regard des éventuels travaux et vacances locatives à prévoir. Nous préconisons également de ne sélectionner que des biens ayant déjà des locataires (payant régulièrement leur loyer) afin de limiter les risques de ne pas en trouver (et de se retrouver avec de nombreux défauts de loyer).

# MURS COMMERCIAUX

Investissement : | Risque :
Rentabilité : | Technicité :

## Description

Voici un type d'investissement immobilier auquel on ne prête pas nécessairement attention (du moins tant que l'on n'a pas l'idée d'y investir) : les murs commerciaux. L'immobilier commercial regroupe les murs de boutiques ou de commerces, mais aussi les murs de bureaux et les entrepôts. Ce marché de niche, plutôt confidentiel au regard de l'offre sur la location d'habitation, permet de diversifier son patrimoine. Nous traiterons plus particulièrement des murs de boutique et de commerce.

## Avantages

Le bien est cadré par un bail commercial qui offre une **stabilité locative** : en effet, le locataire doit occuper le bien, généralement par tranches de 3 ans. On parle de bail 3-6-9.

Le bail commercial est plus libre que le bail d'habitation et peut, par exemple, intégrer une **durée des baux ferme**. Contrairement au bail d'habitation, y compris depuis la réforme des baux commerciaux à compter du 1er septembre 2014 (loi ALUR), il bénéficie d'une législation créant un **environnement juridique et économique particulièrement favorable**. La taxe foncière, par exemple, est généralement mise à la charge du locataire.

Ce type d'investissement immobilier est **indépendant des fluctuations du marché immobilier d'habitation** : le prix du bien est lié au loyer que l'on peut en tirer, et ce loyer est lié au type d'activité et à l'emplacement du bien qui prend en compte le nombre de potentiels clients.

Les loyers commerciaux sont **indexés sur l'ILC** (indice des loyers commerciaux) **ou l'ILAT** (indice de loyer des activités tertiaires), non à l'IRL (indice de référence des loyers) auquel est soumis le locatif traditionnel. Historiquement, l'ILC (ou ILAT) et l'IRL ne fluctuent pas de la même manière.

Le propriétaire est seulement propriétaire des murs, non du fonds de commerce. Il n'est tenu qu'au **respect de l'article 606 du Code civil**, c'est-à-dire à la prise en charge des travaux importants (murs, toitures, travaux d'adaptation).

## Précautions à prendre et inconvénients

Il faut accorder **beaucoup d'importance à l'emplacement** : il doit y avoir du passage devant le local pour que le commerce qui l'occupe soit valorisé.
Le bail commercial contient **bon nombre de subtilités juridiques qu'il convient de cadrer par l'intermédiaire d'un notaire**. Cette démarche a un coût, mais elle évite les mauvaises surprises pouvant se révéler après coup et plus onéreuses encore (imprécisions sur le paiement des charges et des taxes entre bailleur et locataire, non-précision de l'évolution du loyer par rapport à l'ILC, reprise d'un bail commercial soumis à des conditions particulières de paiement de loyers…).
Si le bail n'est pas notarié, il sera très difficile de se séparer d'un locataire mauvais payeur. Le **bail notarié présente l'avantage de pouvoir recourir à la copie exécutoire**, celle-ci permettant de procéder à la saisie sur salaires, sur les comptes en banque ou sur les biens du mauvais payeur.
Le paiement des loyers est mieux assuré si **le type d'activité exercée** par votre locataire est porteur. Certains secteurs sont conjoncturellement saturés (estimez bien le besoin dans la zone de prospection).
En fonction de l'emplacement du local et des secteurs d'activité de la zone de chalandise, les périodes de vacances locatives peuvent être plus longues que celles de l'immobilier traditionnel. Attention à **privilégier les biens déjà loués** afin de disposer d'un historique et d'un loyer dès votre achat.

## Combien cela rapporte-t-il ?

On peut tabler sur une rentabilité tournant autour de 9 à 10 %, du moins en province. Dans la région parisienne, mieux vaut envisager une rentabilité aux alentours de 7 %.
Ne perdez pas de vue que la rentabilité paie généralement un risque : si vous trouvez un bien dont la rentabilité est très élevée, méfiez-vous et vérifiez tous les aspects du dossier. Il se peut, par exemple, que le local commercial soit situé dans une zone en perte de vitesse ou, pire encore, dans une ruelle sans passage, donc sans clients potentiels.

## Comment investir ?

Une fois encore, pas de miracle en ce domaine, vous consacrerez du temps à la recherche du bien.
Cette recherche doit s'orienter vers des villes pour lesquelles les indicateurs économiques et géographiques sont favorables. Par exemple, le site de l'INSEE donne accès gratuitement aux données suivantes :

- solde démographique ;

- part des logements vacants ;
- taux de chômage ;
- niveau d'industrialisation ;
- taux de délinquance ;
- …

Référez-vous également au site du Procos (www.procos.org) qui constitue un bon thermomètre de l'activité commerciale avec 300 enseignes franchisées et 60 000 points de vente.
Il existe des agences spécialisées dans ce type d'investissement auxquelles nous vous conseillons de vous adresser afin de spécifier le type de bien recherché et de présenter votre profil d'investisseur. De cette manière, vous vous créerez un réseau sur lequel vous appuyer pour trouver les meilleurs biens.

**LE BON CONSEIL**

N'hésitez pas à vous abonner à des sites d'annonces professionnelles. En utilisant à bon escient les filtres proposés par ces derniers, vous gagnerez beaucoup de temps dans vos recherches.
Exemples de sites sur lesquels vous pouvez vous appuyer :
- www.murscommerciaux.net
- www.transactioncommerce.com
- www.procomm.fr

## Notre conseil

Pour les biens commerciaux, peut-être plus encore que pour d'autres types de biens, **il est impératif de se rendre sur place avant de réaliser son investissement**. L'emplacement étant primordial, il faut viser ce que l'on appelle l'emplacement n° 1. Généralement, dans une ville de province de taille moyenne, il n'existe qu'une ou deux rue(s) commerçante(s) capable(s) de drainer à elles seules 80 % du commerce potentiel. Ce sont dans ces rues-là qu'il faut investir : l'emplacement n° 1, c'est l'endroit qui génère du passage et donc de la clientèle. Pas de passage, pas de clients, pas de chiffre d'affaires et donc pas de loyers.
On a coutume de dire que, dans l'immobilier, la règle d'or est l'emplacement : pour les biens commerciaux plus encore, c'est un incontournable.

Privilégiez une rentabilité plus faible pour avoir un bon emplacement : vous vous y retrouverez sur la durée. 0
Tenez compte également des évolutions sociétales et de l'essor du e-commerce. Les achats en ligne sont à géométrie variable selon la nature de l'activité. Par exemple, dans le tourisme, les réservations de voyages ou d'hôtels, la part de marché dépasse 40 %. Dans le prêt-à-porter, elle descend à 14 % et à 4% pour les produits de grande consommation. Selon nous, l'activité de votre locataire doit répondre à un besoin local (commerce alimentaire, coiffeur…). Cela s'est confirmé au cours des événements de 2019 et 2020 (gilets jaunes, pandémie et confinement) qui ont vu croître les activités pouvant être commandées et envoyées en ligne. Le confinement a modifié les habitudes de consommation ; naufrage de l'hôtellerie d'affaire, baisse du tourisme international, accélération de la désaffection de la part des consommateurs pour les hypermarchés et supermarchés et retour aux circuits courts.

# VIAGER ET VENTE À TERME

## Description

Qui ne connaît pas le viager et son fonctionnement quelque peu original où l'intérêt de l'acheteur (débitrentier) est lié au décès (le plus rapide possible) du vendeur (créditrentier) ?
En pratique, vous achetez un bien immobilier (appartement ou maison) en payant un « bouquet », qui correspond à un apport initial, ainsi qu'une rente mensuelle jusqu'au décès du vendeur. Ainsi, on peut positiver la description initiale en reconnaissant que le viager permet d'améliorer le quotidien du vendeur grâce à cette rente.
La plupart du temps, le bien est habité par le vendeur jusqu'à son décès ou son départ en maison de retraite : on parle de **viager occupé**. Parfois, il est inhabité et peut alors être habité ou loué par l'acheteur : on parle alors de **viager libre**. Le viager reste une niche, mais dynamique : elle croît de 5 % par an.

## Avantages

Le viager permet d'investir dans l'immobilier avec une **mise de fonds abordable** : en effet, le bouquet représente souvent moins de 30 % de la valeur du bien.

> **À SAVOIR**
>
> Réaliser un emprunt bancaire pour financer le bouquet peut s'avérer compliqué. Vous pouvez néanmoins contracter un emprunt hypothécaire pour financer, soit le bouquet seul, soit le bouquet et l'ensemble de vos autres prêts.

Au-delà du bouquet, ce type d'investissement ne nécessite pas de faire appel à un prêt bancaire : c'est plus ou moins le vendeur qui vous fait crédit. La contrepartie de ce **prêt à taux zéro** est que vous devrez payer à ce « banquier » un peu particulier une mensualité jusqu'à sa mort.

Le prix du bien acheté en viager bénéficie généralement d'un **abattement par rapport aux prix du marché**, calculé sur la base de l'espérance de vie « statistique » du vendeur.

Le **temps consacré à la gestion d'un viager est faible**, car le « locataire » prend généralement soin du bien puisqu'il s'agit de son « chez lui ».

## Précautions à prendre et inconvénients

Afin de limiter les risques de continuer à payer une rente alors que l'on a atteint l'âge de la retraite, il est conseillé d'acquérir un bien auprès d'une personne âgée d'au moins une génération de plus que vous.

Le cas de Jeanne Calment est dans toutes les mémoires et il est bon de le rappeler. La doyenne des Français avait cédé son logement en viager à son notaire, qui est décédé avant elle. Il ne faut donc pas oublier ce risque avant de s'engager dans l'investissement dans un viager.

L'inconvénient principal du viager est lié à **l'incertitude quant à la durée de vie du crédirentier**. Plus longtemps celui-ci vivra, plus cher risque de coûter le bien.

Les rentes mensuelles payées au créditrentier ne sont **pas déductibles fiscalement**. En outre, **les impôts fonciers et les charges** telles que les gros travaux sont **à la charge du débitrentier**.

> **ATTENTION**
>
> En cas de décès de l'acquéreur, l'obligation du paiement de la rente est transmise à ses héritiers qui sont tenus de s'en acquitter jusqu'au décès du crédirentier.
> La rente prend fin au décès du vendeur. Toutefois, si l'acte de vente concerne des époux, le conjoint survivant continuera à percevoir la totalité de la rente jusqu'à son décès.

## Combien cela rapporte-t-il ?

La composante aléatoire liée à la date de décès du créditrentier rend bien difficile l'évaluation de la rentabilité. La méthode à appliquer consiste à :

- estimer le bien comme s'il était vendu libre ;
- appliquer une décote calculée en fonction de l'espérance de vie de l'occupant ;
- négocier un équilibre entre le bouquet et la rente mensuelle ;
- négocier la non-indexation de cette rente sur le coût de la vie.

## Comment investir ?

Vous pouvez trouver ce type de bien auprès d'agences spécialisées (Renée Costes Viager, BM finance, par exemple) ou auprès de notaires.

## Une variante du viager : la vente à terme

Le principal inconvénient du viager pour le débitrentier est d'investir en se basant sur l'espérance de vie du vendeur et donc de ne pas maîtriser la durée pendant laquelle la rente devra être versée.
La vente à terme s'appuie sur le même mécanisme que le viager, excepté que la **durée de l'opération est fixée à l'avance** et que l'âge du vendeur n'entre pas en ligne de compte.
Le contrat de vente à terme est conclu devant un notaire par acte authentique. On y indique le montant et la périodicité des versements.
Contrairement au viager, le montant des mensualités peut être indexé selon l'indice du coût de la construction.
**En cas de non-paiement d'une seule échéance de rente, une clause résolutoire permet d'annuler la vente.** Le vendeur récupère alors la pleine propriété du bien tout en conservant les mensualités déjà perçues.

En cas de décès du vendeur, le débitrentier doit poursuivre les paiements auprès des héritiers, selon la durée prévue au contrat.

### Notre conseil

L'investissement en viager peut s'avérer très intéressant… ou pas. Étant donné l'aléa lié à la durée de vie du vendeur, le succès de cette entreprise s'apparente à celui d'une loterie : il y a des gagnants et des perdants.
À noter que, si vous effectuez un placement de ce type, vous pourrez, une fois le vendeur décédé :

- revendre le bien ;
- le mettre en location ;
- le revendre, à votre tour, en viager pour obtenir une rente à vie.

Si l'incertitude liée à l'espérance de vie du vendeur ne vous convient pas, alors la vente à terme peut constituer une solution intéressante. Vous pourrez vous affranchir des contraintes des réseaux bancaires (le vendeur devient le banquier) et en général, vous économiserez des sommes conséquentes liées au taux d'intérêt pratiqué et à l'absence des frais de dossier et du coût des assurances de prêt.

## SCPI

### Description

Une SCPI, Société Civile de Placement Immobilier, est ce que l'on appelle de la « pierre papier ». En achetant des parts de SCPI, vous apportez des fonds à une société de gestion dont le rôle est d'investir dans des murs de boutique, de bureaux et, plus rarement, dans des murs d'habitation. La SCPI se charge ensuite de mettre les biens en location et de les gérer. Tout comme un particulier, elle déduit de ses produits (les loyers) les charges et les frais avant de redistribuer les revenus restants aux porteurs de parts. Les revenus locatifs, comme les parts, peuvent donc évoluer à la hausse comme à la baisse.

## Avantages

Les SCPI permettent d'**accéder au marché de l'immobilier avec une mise financière de départ limitée**, le montant des parts se situant généralement autour de quelques centaines d'euros. Il est possible d'emprunter pour acheter des parts de SCPI.
L'investissement est **peu chronophage** pour l'investisseur puisqu'il n'y a pas de passage chez le notaire, ni de locataire à gérer.
Les SCPI donnent la possibilité d'**investir dans des secteurs privilégiés par les professionnels** : bureaux, entrepôts et murs de commerce. S'ils sont bien sélectionnés, ces secteurs dégagent une rentabilité supérieure à celle des habitations traditionnelles.
Les SCPI offrent en outre **une bonne diversification de l'investissement** : en effet, leur surface financière leur permet d'investir dans des centaines de biens.

## Précautions à prendre et inconvénients

Les **frais de souscription** s'élèvent de 8 à 12 % des frais d'acquisition, droits d'enregistrement compris (ils correspondent aux frais de collecte, de recherche et d'investissements de la société de gestion). Ils sont à mettre en regard des frais de notaire et des frais d'agence dont il aurait fallu s'acquitter dans le cadre d'un investissement immobilier classique. Petite particularité intéressante des SCPI, ces frais de souscription sont prélevés à la sortie, donc au moment de la revente. Ainsi, les rendements (loyers) versés chaque année vont se calculer sur l'intégralité de l'investissement, frais compris. Dès lors les frais de souscription seront en partie amortis.
Les **frais de gestion** sont de 10 % des loyers perçus (à noter toutefois que les rendements affichés par les SCPI sont nets frais de gestion).
Deux risques pèsent sur l'immobilier de bureaux : l'**augmentation de la vacance locative** et une **baisse des revenus locatifs** consécutive à un contexte de crise, cette baisse pouvant entraîner une baisse de la valeur des parts.
Pour pouvoir revendre ses parts de SCPI, il doit y avoir des acheteurs potentiels sur le marché. Si ce n'est pas le cas, on reste bloqué avec ses parts. Il est simple d'entrer dans le monde des SCPI, mais il est parfois **difficile d'en ressortir** sans y « laisser des plumes ».

**ATTENTION**

Les normes imposées par le Grenelle de l'environnement rendent bon nombre d'immeubles de bureaux obsolètes et hors normes.

## Combien cela rapporte-t-il ?

Ce type de bien permet d'envisager une rentabilité brute de l'ordre de **4 à 6 %**.

## Comment investir ?

Vous pouvez investir directement par le biais de foncières, dont le rôle est de gérer plusieurs SCPI. Cependant, faites-vous conseiller avant d'en choisir une et lisez bien son rapport annuel ainsi que sa note d'information. Votre choix va dépendre des objectifs patrimoniaux de cette foncière et de votre tolérance au risque.

**À SAVOIR**

Les SCPI peuvent être constituées de différents types de biens. Les SCPI de « rendement », à la recherche d'un rapport locatif attractif, seront plutôt composées d'immobilier professionnel. Cela peut être des commerces (les murs), des bureaux, des entrepôts, des campings, des résidences meublées, hôtelières, d'affaires, touristiques ou médicalisées... Certaines SCPI seront spécialisées sur un type d'actif (exemple : SCPI de commerce). D'autres, au contraire, seront diversifiées.
C'est la même chose pour la localisation. Les SCPI peuvent investir dans toute la France et à l'étranger, d'autres se spécialisent sur une zone géographique en particulier.
Pour réduire ses impôts, on trouve par ailleurs des SCPI fiscales : SCPI Malraux, SCPI Pinel, SCPI Déficit foncier.
La SCPI achète des appartements éligibles au dispositif concerné. Le souscripteur reçoit alors le loyer et une réduction d'impôt qui correspond au nombre de parts achetées.

## Notre conseil

Étant donné les frais de départ à « rentabiliser », nous vous conseillons d'investir avec une perspective de long terme, idéalement de l'ordre de 20 ans, surtout si vous devez emprunter. Ajoutons qu'il est préférable de s'adjoindre l'aide d'un conseiller financier pour analyser les performances et les risques, car ce n'est pas un produit à mettre « entre toutes les mains ». Afin de limiter les risques, l'alternative consiste à détenir des SCPI *via* un contrat d'assurance vie : les principaux défauts liés au manque de liquidités du marché, aux frais et au risque d'une baisse de valorisation sont ainsi gommés.

**ATTENTION**

À l'heure où nous écrivons ces lignes, nous sortons à peine de la crise de la COVID-19. Les cartes concernant l'immobilier commercial et l'immobilier de bureau vont très certainement être rebattues. La mise en place du télétravail dans certains domaines d'activités va avoir des conséquences sur l'utilisation du foncier par les grandes entreprises. Il est encore trop tôt pour connaître les orientations qui seront prises et comment cela se traduira sur l'immobilier, mais il faut être vigilant sur ce secteur (diminution des surfaces allouées à l'immobilier de bureau en raison du télétravail, développement d'autres espaces de travail dans le cadre de l'essor du coworking).

# INVESTISSEMENT LOCATIF À L'ÉTRANGER

Investissement :

Rentabilité :

Risque :

Technicité :

## Description

Chaque année, 10 000 à 15 000 de Français se lancent dans un projet d'achat de bien immobilier à l'étranger. Il est vrai que les opportunités existent. Au-delà des destinations « historiques » telles que les États-Unis (Miami, Los Angeles, New York), qui ont toujours attiré les Français, de nouvelles destinations sont apparues comme le Canada, la Thaïlande, l'île Maurice, l'Espagne, le Portugal, la Croatie, l'Allemagne…
Quoi qu'il en soit, il convient de bien identifier l'objectif de votre investissement :

- soit un achat coup de cœur pour y vivre au moment de la retraite ;
- soit un achat réfléchi et programmé destiné à vous fournir un revenu complémentaire.

## Avantages

L'un des meilleurs avantages de l'investissement immobilier à l'étranger est sans conteste les **prix au m²** : ils peuvent y être nettement plus bas que ceux pratiqués en France.

La **fiscalité** peut être plus intéressante. Pour rappel, en France, il faut attendre 22 ans (et même 30 ans pour que la plus-value ne soit plus soumise aux prélèvements sociaux) pour être exonéré d'impôt sur le revenu sur sa résidence secondaire (une éternité !), alors que pour bon nombre de pays européens l'exonération se fait au bout de 5 à 10 ans. Une convention fiscale bilatérale intéressante peut vous permettre de réaliser des plus-values car elle consiste à bannir la double imposition. Par ailleurs, le **taux d'imposition sur les plus-values** est bien souvent moindre : plus de 36,2 % en France au minimum au départ, alors que le taux des autres pays européens tourne en moyenne autour de 15 à 20 %.

Par ailleurs, il existe d'autres avantages en fonction des pays où se fait l'investissement, tels que :

- les **impôts locaux** : ils y sont souvent plus faibles ;
- les **règles de succession** : elles y sont souvent beaucoup plus souples.

## Précautions à prendre et inconvénients

Avant toute chose, si vous souhaitez investir à l'étranger, vous devez **vous informer sur les us et coutumes du pays choisi**. Cela vous aidera dans vos démarches et facilitera votre compréhension des différentes étapes d'acquisition.

Comme vous n'êtes pas sur place, vous devez **redoubler de précautions afin de limiter au maximum les risques** autour de votre investissement. Ne vous fiez surtout pas au seul avis d'un promoteur immobilier local et n'hésitez pas à vous faire conseiller par un avocat spécialisé. Vous pouvez également passer par un intermédiaire professionnel connaissant bien le pays, les lieux et les lois.

De même, soyez **attentif aux taxes à l'achat** qui peuvent s'avérer importantes. En France, il est obligatoire de passer par un notaire qui se chargera de prélever ces taxes (frais de notaire de l'ordre de 3,5 % sur du neuf). Dans certains pays, ces taxes sont beaucoup plus importantes (on frôle parfois les 10 %). Enfin, dans d'autres, il n'existe pas de notaires, mais il faut quand même acquitter les taxes : il vaut mieux, dans ce cas, se faire aider et éviter de verser des « dessous-de-table » qui peuvent être préjudiciables en cas de contrôle.

**À SAVOIR**

Certains pays n'autorisent pas l'accès à la propriété si vous n'en avez pas la nationalité. En revanche, ils pratiquent des systèmes de baux de longue durée qui permettent d'obtenir la jouissance du terrain acquis (Thaïlande par exemple).

Attention au risque monétaire : il ne faut pas oublier que lorsque le bien sera vendu, ce sera en monnaie locale. Pensez aux conséquences de la chute de la livre sterling depuis le Brexit.

## Combien cela rapporte-t-il ?

La rentabilité dépend bien sûr du bien immobilier lui-même, mais aussi du pays dans lequel vous réalisez l'investissement. La règle d'or en immobilier, universelle et applicable à n'importe quel pays, est toujours : « l'emplacement, l'emplacement et enfin l'emplacement ».
Cela étant dit, certains pays offrent des rentabilités plus élevées que d'autres. En moyenne, pour les pays cités précédemment (États-Unis, Canada, Thaïlande…), elle est d'environ 10 %. Comme souvent, la rentabilité paie un risque : vous atteindrez des rentabilités supérieures, de l'ordre de 15 %, dans des pays tels que le Brésil. Néanmoins, ces fortes valeurs vont souvent de pair avec des risques géopolitiques non négligeables qui risquent de ruiner votre investissement.
Prenez garde également au financement nécessaire. En fonction du pays choisi, les banques vous suivront ou non. Attendez-vous de toute façon à ce qu'elles exigent plus de garanties que pour un achat dans l'Hexagone. Elles réclameront souvent un apport en capital bien supérieur aux 10 % habituellement requis en France : environ 50 %.

## Comment investir ?

Les fondamentaux de l'immobilier sont universels et se vérifient partout. Ainsi, s'il vaut mieux investir en France dans des zones que l'on connaît bien car on y maîtrise mieux le marché et ses besoins, c'est également vrai pour l'étranger. Nous vous conseillons de vous rendre sur place pour juger de l'opportunité de votre investissement. Si vous optez pour de l'immobilier locatif, vérifiez bien l'adéquation offre/demande.

**À SAVOIR**

Si vous ne pouvez pas vous rendre sur place, n'hésitez pas à passer par des agences ou des sociétés spécialisées dans ce domaine. Internet vous permettra d'en trouver. En outre, nous ne saurions trop vous conseiller de vous faire assister par un avocat spécialisé.
À noter que vous pouvez également trouver des conseillers en gestion de patrimoine (CGP) spécialisés dans l'investissement immobilier à l'étranger.

## Notre conseil

Ne vous laissez pas abuser par une rentabilité trop élevée : elle ne doit pas être votre unique moteur. Si certaines villes présentent des rentabilités à faire tourner la tête (jusqu'à 25 % à Nairobi, par exemple), gardez la tête froide et analysez bien les données géopolitiques du pays. Essayez toujours de vous projeter dans l'avenir pour imaginer ce qu'un contexte de crise aura comme conséquences sur votre achat. La revente sera-t-elle possible et facile ?

# COLOCATION

Investissement :

Rentabilité :

Risque :

Technicité :

## Description

Lorsque l'on parle de colocation, on a tous en tête l'image du film *L'Auberge espagnole* dans lequel on découvre les avantages pour les étudiants de louer à plusieurs un bien immobilier qu'ils se partagent pour réduire les frais d'hébergement.
Partant de ce principe, il existe un filon à exploiter en tant que propriétaire pour proposer des biens qui répondent à ce besoin. C'est une sorte de déclinaison du modèle de l'immeuble de rapport sur un bien immobilier, découpé en plusieurs chambres, chacune d'elles étant occupée par un locataire différent.

Pour les locataires, les avantages de la colocation sont nombreux. Il leur est possible de disposer d'une surface d'habitation plus grande pour un loyer modéré ou en tout cas plus faible que s'ils devaient louer seuls la même surface (plus grande, moins chère). Il y a, bien entendu, le côté convivial et la possibilité de rencontrer des étrangers, ce qui permet de parler une autre langue que la sienne… Les inconvénients sont qu'il faut respecter un certain nombre de règles de vie en communauté et il peut rapidement y avoir des problèmes de nuisances sonores.

### Avantages

Si vous choisissez correctement vos biens (localisation et disposition intérieure), vous n'aurez quasiment pas de vacance locative. Vous pouvez même avoir le luxe de laisser vos locataires chercher pour vous un nouveau colocataire lorsque l'un d'eux est parti. Les risques sont ainsi divisés, vous n'êtes pas dépendant d'une seule personne, d'un seul locataire, mais de plusieurs.

Généralement, vous pouvez louer au-dessus du prix du marché d'habitation nue. Ainsi, sur un bien qui représente 3 ou 4 colocataires, le loyer de deux colocataires vous permet de rembourser le prêt que vous avez contracté pour l'acquisition de votre bien. Le loyer du troisième ou quatrième colocataire constitue du *cash flow* positif.

La colocation, si elle est bien faite, ne dénature pas le bien immobilier. Pour créer une chambre, on ajoute une cloison sur un séjour ou sur un salon, pour faire passer le bien de 3 à 4 chambres. Si, par la suite, vous souhaitez récupérer le bien pour de la location classique, vous n'aurez pas trop de travaux à réaliser.

La colocation permet d'acquérir des logements un peu plus grands qui sont généralement plus complexes à gérer en location classique (il est plus simple de louer un studio ou un T2 que de louer un appartement de 85 $m^2$).

Dernier avantage qui est un cas particulier, si vous êtes propriétaire colocataire, à savoir si vous louez une chambre de votre résidence principale, vous pouvez être exonéré d'impôts sur les revenus locatifs de cette chambre, si elle respecte 3 critères :

- la pièce louée doit être meublée ;
- elle doit être la résidence principale du locataire ;
- un plafond défini par l'administration fiscale est à respecter.

## Précautions à prendre et inconvénients

Sur ce type d'investissement, si vous vous êtes donné la peine de faire une bonne étude de marché pour acquérir un bien dans une zone où la demande en colocation est importante, alors vous encourez peu de risques. Pour autant, le risque zéro n'existe pas.

Face à l'explosion du phénomène, la loi ALUR a apporté un cadre législatif au bail de colocation. En fonction des locataires, vous devez utiliser des baux adaptés. Il existe 3 manières différentes de contractualiser un bail avec les colocataires :

- un seul contrat de bail pour tous les colocataires. On y trouvera d'une part la clause de relocation avec les conditions imposées par le bailleur pour trouver un nouveau colocataire, et d'autre part la clause de solidarité qui permet au bailleur de se retourner vers les colocataires restants si l'un des colocataires fait défaut pour le paiement du loyer.
- un contrat pour chacun des colocataires. C'est souvent ce type de bail qui est utilisé pour des étudiants : cela permet de gérer individuellement chacun des étudiants, avec des dates de paiement et de sortie différentes.
- un contrat de bail avec un locataire et plusieurs sous-locataires. Ce type de bail est assez peu utilisé car le locataire principal reste le seul interlocuteur responsable vis-à-vis du bailleur et cela ne permet pas réellement de profiter de l'effet colocation pour la division des risques pour le bailleur.

Quoi qu'il en soit et quel que soit le contrat, chacun des colocataires doit être en mesure de présenter une attestation d'assurance au bailleur. Même si nous en avons parlé au début de ce chapitre, il faut éviter de créer un effet auberge espagnole susceptible de générer des nuisances. Le dépôt de garantie reste collectif et il est souvent centralisé par l'un des colocataires.

## Combien cela rapporte-t-il ?

La rentabilité sur ce type d'investissement immobilier est très intéressante et peut assez facilement atteindre voire dépasser les 10 %.

Comme nous l'avons dit, il y a une réelle demande pour ce type de location. Les loyers pratiqués sont généralement supérieurs à ceux du marché, ce qui permet d'améliorer la rentabilité.

## Comment investir ?

Il faut bien choisir le lieu en ciblant une ville dans laquelle la demande de colocation est importante. Pour le savoir, vous pouvez chercher d'abord les colocataires et ensuite vos biens.

Pour ce faire, il suffit de poster une annonce sur Leboncoin et de noter ce que les personnes qui répondent attendent comme type de chambre, la localisation dans la ville et quels types de service (parking, cave...). Cela va vous donner l'opportunité de créer une base de données des types de bien prisés par vos potentiels clients.

Fort de ces informations, vous pourrez partir à la recherche de votre bien immobilier, en gardant en tête la notion de fonctionnalité dans l'agencement du bien. Ensuite, c'est exactement comme un bien traditionnel, les processus sont les mêmes et la négociation au moment de l'achat est toujours aussi importante.

## Notre conseil

Exactement comme pour une location meublée, vous devez créer une envie dans vos biens pour inciter les colocataires à prendre leur chambre chez vous. Cette envie passe par une organisation la plus fonctionnelle possible : un espace de vie commune central, des pièces d'eau pour chaque chambre si possible. Cela passe également par l'équipement des chambres : si vous disposez un téléviseur dans chacune des chambres et que vous les raccordez à Internet, vous aurez assurément plus de colocataires.

Gardez bien à l'esprit qu'hormis Paris, où quasiment tout est louable, en province, vous devez apporter de la valeur à votre bien pour mieux le louer. Cela vous permettra d'avoir plus de colocataires, mais également de pratiquer des loyers un peu plus élevés que la moyenne.

### À SAVOIR

Actuellement, 54 % des colocataires sont des jeunes actifs. Ce besoin de colocation n'est donc plus réservé uniquement aux étudiants. Trouver un logement devenant de plus en plus difficile, les avantages de la colocation séduisent même les jeunes actifs qui y voient un moyen de ne pas consacrer une partie trop importante de leur budget au logement et de prolonger l'ambiance de leur vie étudiante.

Il est donc essentiel de penser aux zones d'activités professionnelles lors de la recherche de votre bien immobilier.

# RÉSIDENCE DE SERVICES (TOURISME, ÉTUDIANT, SENIORS, SÉJOURS D'AFFAIRES)

Investissement :

Rentabilité :

Risque :

Technicité :

## Description

Le principe réside dans l'acquisition d'un logement dans une résidence destinée à un public ciblé :

- seniors ;
- étudiants ;
- hommes d'affaires.
- touristes ;

La gestion du bien est confiée à un professionnel qui loue le bien meublé. En investissant dans une résidence de services, vous devenez copropriétaire dans un ensemble immobilier disposant de logements meublés et équipés qui, la plupart du temps, disposent d'une cuisine ou d'une kitchenette et auxquels des services hôteliers sont attachés.
Même s'il ne s'agit pas du même type de résidences, cet investissement immobilier est très proche de celui réalisé dans un EHPAD.

## Avantages

L'intérêt principal de ce type d'investissement est sa **fiscalité**. Dès lors que la résidence propose au moins trois services hôteliers (réception des clients, ménage, petits-déjeuners, fourniture du linge de maison...), l'investisseur bénéficie du **remboursement de la TVA** acquittée sur le prix d'achat.
Comme l'investisseur doit passer par un exploitant, il est **déchargé de tous les soucis de la gestion locative**.
Le **statut de loueur meublé** – qu'il soit en LMNP, LMNP Censi-Bouvard ou LMP – est **particulièrement favorable fiscalement**. Outre la récupération de la TVA, les régimes LMNP et LMP permettent d'amortir le bien. La loi Censi-Bouvard, quant à elle, permet d'obtenir une réduction d'impôt de 11 % du prix hors taxe étalée sur 9 ans pour les logements dont le prix est inférieur à 300 000 €. Seule la fraction dont la valeur excède 300 000 € est amortissable.

Le **bail commercial** signé avec le gestionnaire reste **très protecteur pour l'investisseur**.

## Précautions à prendre et inconvénients

Pour bénéficier du remboursement de la TVA, il faut **conserver le bien pendant 20 ans**. Dans le cas contraire, le fisc réclame la restitution de la TVA, au prorata des années manquantes. Seule exception à cette contrainte : le bien est vendu à un autre investisseur pour une exploitation équivalente.

Généralement, **la taxe foncière et les gros travaux restent à la charge de l'investisseur**.

Comme dans tout investissement immobilier, il faut **se soucier de l'environnement et du marché**. Ainsi, attention aux biens commercialisés 20 % au-dessus de la valeur du marché, cela signifie que le remboursement de la TVA y est intégré.

Il est important de **vérifier la solidité financière de l'exploitant ainsi que son antériorité** : un partenaire solide est l'une des clés favorisant la réussite d'un tel investissement.

La **revente de ce type de bien peut s'avérer plus compliquée** que celle d'un bien d'habitation classique et se fait souvent à perte : il faut généralement recourir à des professionnels du secteur.

## Combien cela rapporte-t-il ?

Les programmes commercialisés actuellement proposent des rendements nets aux alentours de **3 à 4 %**.

## Comment investir ?

Pour investir dans ce type de bien, il est conseillé de passer par des gestionnaires de patrimoine spécialisés dans ce secteur. Peu d'agences immobilières s'y intéressent.

## Notre conseil

La réussite de votre investissement dépend de la qualité du programme, du savoir-faire du gestionnaire qui exploite la résidence et vous verse les loyers, et enfin du contrat de bail. Ne vous laissez pas aveugler par l'avantage fiscal lié à cet investissement immobilier : vous achetez avant tout un bien qui doit répondre aux impératifs d'une demande locative particulière. Choisissez un programme dans une ville où la concurrence n'existe pas ou peu. Plus la concurrence est importante, plus les locataires sont difficiles à convaincre.

Par ailleurs, la crise sanitaire de 2020 a montré l'étendue des conséquences sur ce type d'investissement. Le secteur du tourisme a été touché de plein fouet. Dès le début du confinement, afin d'endiguer la propagation de la COVID-19, des gestionnaires de résidences de tourisme ont arrêté de verser les loyers dus aux propriétaires des appartements. Et ces propriétaires ont souvent emprunté pour ce bien et ont dû continuer de rembourser. Ce type d'investissement est donc risqué, selon nous, car sa réussite dépend de facteurs difficiles à maîtriser.

**ATTENTION**

Avant d'investir dans ce type de bien, il est indispensable de valider l'opération avec un expert indépendant afin d'étudier attentivement le contenu du bail commercial.

- Les baux sont-ils d'une durée ferme ?
- La prise en charge des gros travaux est-elle bien à la charge de l'exploitant ?
- Le loyer n'a-t-il pas été surévalué ?
- La clause d'indexation des loyers est-elle bien favorable ? Optez pour un indice de référence connu (IRL, par exemple) ou fixé dans le contrat (x % par an), plutôt que pour un indice composite, plus ou moins officiel, déterminé par l'exploitant.

# DIVISION DE BIENS

Investissement :

Rentabilité :

Risque :

Technicité :

## Description

« Diviser pour mieux gagner ! » : telle est la promesse de la division de biens.

En pratique, il s'agit de diviser un bien entier (appartement ou maison) en plusieurs appartements et donc de transformer un ou plusieurs lot(s). On peut ainsi louer une surface à plusieurs locataires.
Il existe 2 types de divisions :

- la division juridique (qui va donner naissance à des lots spécifiques et définitifs avec une nouvelle répartition des tantièmes) ;
- la division en espaces de vie distincts (qui n'est pas juridique donc et qui ne divise pas le bien à proprement parler, vous ne pourrez pas vendre par lots).

## Avantages

La division permet, d'une part, d'augmenter les revenus locatifs et d'autre part de toucher une clientèle plus large. Vous aurez moins de difficultés à louer 3 studios de 30 $m^2$, plutôt qu'un seul appartement de 100 $m^2$. Cela permet donc de lisser les périodes de non-occupation mais aussi de diluer les conséquences de loyers impayés.

## Précautions à prendre et inconvénients

La rentabilité importante obtenue par ce type d'investissement nécessite de prendre des précautions essentielles.
Avant d'acheter un bien avec le projet de le diviser, vous devez prendre connaissance du règlement de copropriété afin de vous assurer que la division n'est pas explicitement interdite. Si tel est le cas, vous pourrez réaménager sans modification les parties communes et les murs porteurs. Si votre projet nécessite de le faire, vous devrez obtenir l'accord de la copropriété lors d'une assemblée générale.
Il est à noter que la simple division en espaces de vie ne vous permettra pas de vendre votre bien en lots séparés puisqu'ils ne sont pas séparés juridiquement parlant.
Si vous choisissez de diviser votre bien en lots juridiques, vous devrez :

- obtenir l'accord de la copropriété lors d'une assemblée générale, puisque la répartition des charges sera modifiée ;
- effectuer une modification de règlement de copropriété auprès de votre notaire ;
- faire intervenir un géomètre pour officialiser les nouvelles surfaces habitables et calculer les nouveaux tantièmes qui seront ensuite validés par un notaire ;
- créer des compteurs (eau, électricité ou gaz) séparés pour chaque lot.

Enfin, dans certaines villes, des places de parking sont exigées lorsque des logements sont créés. Vous devez donc consulter le Plan Local d'Urbanisme (PLU) afin de savoir ce qu'il en est.
Par ailleurs, vous devrez vous assurer que la configuration du bien se prête à une division au niveau des évacuations. Pour cela, sur ce type de projet, un architecte sera indispensable. Des solutions techniques existent toujours (estrade pour faire passer les évacuations, sanibroyeur, pompe pour envoyer les eaux usées en passant dans un faux plafond…) mais cela engendre des coûts supplémentaires et de potentielles nuisances sonores.
D'autres points seront à gérer, comme la taxe d'habitation. L'administration devra être informée afin que chaque locataire paye la surface qu'il occupe.

### Combien cela rapporte-t-il ?

La division d'appartements, couplée à la stratégie meublée en location courte durée, peut augmenter la rentabilité et atteindre parfois 50 %.

### Comment investir ?

Diviser un bien en plusieurs lots entraîne des coûts techniques (évacuations, réaménagement, salle de bains, toilettes, cuisine…) et juridiques (notaire, géomètre) non négligeables.
Il est donc essentiel que la négociation, lors de l'achat, intègre ces coûts.
La faisabilité technique doit absolument être validée par un architecte afin d'éviter toute mauvaise surprise (technique et financière).

**À SAVOIR**

La division par réaménagement d'espaces de vie est légale si les parties communes et murs porteurs n'ont pas été modifiés. Dans ce cas, les compteurs restent uniques. Il est donc plus approprié de proposer les lots en location courte durée.
À noter également qu'il n'est pas possible de proposer des surfaces inférieures à 14 $m^2$, au risque d'être assimilé à un marchand de sommeil.

## Notre conseil

Au-delà des fondamentaux liés à l'emplacement et au fait qu'une demande existe dans la zone concernée, la division de biens nécessite des précautions à la fois techniques et juridiques. Même si la division en espaces de vie est légale, elle peut attirer des interrogations au sein de la copropriété. Nous vous conseillons donc de sonder discrètement la copropriété sur l'acceptation (ou pas) d'un tel projet. La rentabilité peut être très importante, mais ne doit pas se faire au prix de votre sérénité.
Quoi qu'il en soit, gardez à l'esprit qu'un investissement doit être rentable avant toute modification de ce type. Ainsi, si vous rencontrez des difficultés lors de la division, vous pourrez conserver la configuration initiale tout en étant rentable.

# ACHAT/REVENTE

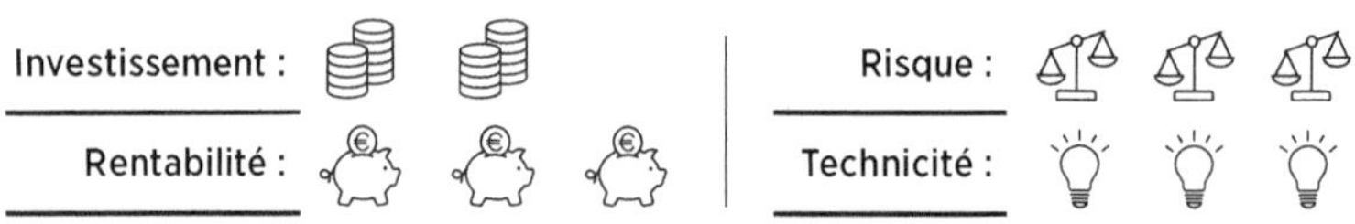


## Description

Il existe une forme d'investissement immobilier particulièrement rentable, que de nombreuses personnes ont pratiqué sans nécessairement le savoir : l'achat/revente. En effet, beaucoup ont acheté leur résidence principale dans les années 2000 pour la mettre en vente quelques années plus tard, en encaissant au passage une plus-value généralement confortable.
Ce mécanisme fonctionne lorsque le prix de l'immobilier est sur une tendance à la hausse, ce qui n'est plus le cas aujourd'hui.
La technique rentable pour ce type d'opération consiste à trouver un bien en mauvais état avec un potentiel important, puis à réaliser des travaux permettant de concrétiser ce potentiel. Le potentiel peut se traduire aussi par la possibilité, par exemple, de diviser le bien : une partie est revendue pour financer l'autre partie qui, quant à elle, est conservée en location. Cette opération reste plus facile à énoncer qu'à réaliser, car les opportunités de ce type sont rares.
Précisons que les biens ne trouvent effectivement acquéreurs et locataires qu'après un apport de valeur, c'est-à-dire une fois rénovés au regard des standards du moment.

## Avantages

L'avantage principal est d'**obtenir un capital en quelques mois** qui offre la capacité de réinvestir dans une autre opération ou sur un autre support de placement.

L'investisseur est **exonéré de la plus-value immobilière** lorsqu'il s'agit de la vente de sa résidence principale. En revanche, s'il loue le bien, il est imposé sur l'éventuelle plus-value issue de la revente.

## Précautions à prendre et inconvénients

Dans le cas d'un investissement locatif, la **fiscalité des plus-values immobilières** évolue régulièrement. Une fois la plus-value calculée, l'imposition se décompose de la façon suivante :

- 19 % de taxation au titre de l'impôt sur le revenu ;
- 17,2 % de prélèvements sociaux (CSG, CRDS et prélèvement social).

Que ce soit sur l'impôt sur le revenu ou sur les prélèvements sociaux, **aucun abattement n'est possible avant la sixième année**. Il est à noter qu'une surtaxe de 2 à 6 % s'applique lorsque la plus-value est supérieure à 50 000 €.

Si vous réalisez ce type d'opérations plusieurs fois par an, **vous risquez d'être requalifié en « marchand de biens » par l'administration fiscale**.

> **ATTENTION**
>
> Deux conditions cumulatives doivent être remplies pour être qualifié en marchand de biens :
> - La condition de l'habitude : elle doit s'apprécier en fonction du nombre et du rythme des ventes d'immeubles. L'importance des ventes est également prise en compte.
> - La condition spéculative : la volonté doit résider dans la recherche du profit. À ce titre, le montant des profits réalisés et le délai séparant les ventes constituent des indices de spéculation pour l'administration fiscale.
>
> La requalification en marchand de biens engendre d'importantes conséquences fiscales :
> - Les ventes réalisées sont soumises à la TVA immobilière.
> - Le redressement engendre des pénalités et des intérêts de retard.

Vous devez disposer d'une équipe rodée à l'achat, à la rénovation et à la revente, et en laquelle vous avez toute confiance. L'efficience de votre investissement repose avant tout sur **l'optimisation des coûts de tous les intermédiaires et sur la minimisation des imprévus**.
Prévoyez une **trésorerie suffisante pour faire face aux éventuels retards de travaux et aux problèmes techniques**. Par ailleurs, veillez à ne pas surestimer l'attractivité de la zone pour ne pas avoir à supporter financièrement d'éventuelles périodes de vacance locative.

## Combien cela rapporte-t-il ?

Bien que risqué, ce type de montage, peut rapporter beaucoup d'argent (**10 % nets d'impôt**), mais peut aussi en faire perdre si l'on peine à trouver un acquéreur. Si le bien constitue votre résidence principale, vous limitez alors l'impact fiscal.

**EN PRATIQUE**

Nicolas achète un bien 70 000 € afin de le mettre en location. Il paye 5 000 € de frais de notaire et réalise des travaux pour 10 000 €. Son prix d'acquisition corrigé est de 85 000 €. Il revend ce bien 100 000 €. Sachant que les frais de diagnostic immobilier sont de 500 €, le prix de vente corrigé est de 99 500 €.
La plus-value réalisée s'élève donc à 14 500 €. Après imposition, son bénéfice est de l'ordre de 9 500 €, soit 11 % du prix d'acquisition corrigé. Cet exemple n'est qu'un cas particulier très favorable, il ne constitue en aucun cas une règle.

## Comment investir ?

Les biens à potentiel pour un achat/revente doivent, plus que jamais, répondre à une demande du marché. Idéalement, il vaut mieux **avoir un acquéreur avant d'engager le projet**, ce qui permet d'ailleurs d'obtenir un prêt plus facilement.
Pour trouver un bien intéressant, il faut éplucher bon nombre d'annonces, faire connaître ses intentions auprès des agents immobiliers et se constituer un réseau. Il aide l'investisseur à recueillir de précieuses informations comme, par exemple, les cas de successions, le départ de personnes âgées en maison de retraite...

Il existe une variante de l'achat/revente : elle s'appuie sur **l'achat d'un terrain sur lequel on bâtit 2 maisons**. L'une peut être mise en location et l'autre peut être vendue pour rembourser la majeure partie du prêt (ou les 2 peuvent être mises en location). C'est une stratégie très intéressante étant donné que la maison avec jardin constitue le logement rêvé des Français. Ce phénomène s'est d'ailleurs amplifié depuis la crise sanitaire de 2020 et le confinement.

### Notre conseil

Cette opération d'achat/revente peut s'avérer intéressante pour construire un capital en quelques mois, mais elle nécessite une bonne assise financière, la découverte d'un bien à potentiel idéalement divisible, la réalisation de travaux de rénovation, la sélection d'un terrain favorable, l'éventuelle construction de maisons et une revente avantageuse.

Cet investissement reste risqué : il nécessite d'avoir listé tous les coûts potentiels, mais également d'avoir une bonne expérience dans l'évaluation des travaux à réaliser car, si ceux-ci sont trop importants, l'opération ne sera pas rentable.

## MOBIL-HOME

### Description

Voici un nouvel exemple d'investissement qui permet de toucher à l'immobilier avec des sommes inférieures à 50 k€. Il s'agit d'un investissement plutôt atypique, à savoir les mobil-homes. Vous avez sans doute déjà vu ces structures rigides qui peuplent les campings l'été et dans lesquelles vous avez peut-être effectué un séjour. Elles sont souvent assez bien équipées et se situent généralement dans des établissements de bon standing. Certains d'entre vous ont probablement prévu de miser sur ce type de marché. C'est loin d'être impossible, mais là encore, s'il y a des avantages, il y a également des précautions à prendre et quelques éléments à bien garder en tête pour réaliser un investissement gagnant.

Comme n'importe quel investissement, vous pourrez faire appel à un prêt bancaire pour réaliser votre achat. C'est un placement de long terme. La durée de vie du mobil-home conditionne plus ou moins le terme de l'investissement. On peut donc tabler sur 15 à 20 ans sans inquiétude si la structure est de qualité.

## Avantages

Acheter un mobil-home ne coûte pas cher. À titre d'exemple, un studio à Paris d'une vingtaine de mètres carrés vaut environ 200 000 €. Pour un mobil-home, cela dépend de sa qualité et de son niveau d'équipements. C'est un peu comme une voiture, un modèle *bas de gamme* n'est pas au même prix qu'un modèle premium. Sa localisation est également un facteur important à prendre en compte, mais en général, il faut compter entre 20 000 et 50 000 €. On est donc possiblement sur 1/10e du prix en ordre de grandeur du studio sur Paris.
Le second avantage est une fiscalité tout à fait intéressante :

- pas de taxe foncière ;
- pas de taxe d'habitation ni de redevance audiovisuelle ;
- pas de frais de notaire car il s'agit d'un bien mobilier et non d'un bien immobilier ;
- ce type de bien est gérable sous le statut de loueur meublé non professionnel (LMNP), l'une des dernières niches fiscales françaises.

Le troisième avantage est une demande locative très forte. En effet, si vous possédez un mobil-home dans un camping 4 ou 5 étoiles bien référencé sur les plates-formes de réservation et dans une zone fortement touristique, vous maximisez les chances de le remplir quasiment la moitié de l'année.

## Précautions à prendre et inconvénients

Pour autant, tout n'est pas rose dans ce type d'investissement et il y a eu pas mal d'arnaques où des investisseurs se sont retrouvés lésés. Il y a donc des points à surveiller et des écueils à éviter.
Ce qu'il faut bien comprendre, avant tout, c'est que lorsqu'on achète un mobil-home, il est géré par le camping. La première erreur est donc de se tromper de camping. Le « bon » camping ne contraint pas trop le propriétaire :

- pas de droits d'entrée prohibitifs : la demande étant assez forte, les campings peuvent être tentés d'en profiter ;

- pas d'obligation de devoir choisir des mobil-homes parmi des constructeurs affiliés au camping ;
- pas d'obligation de renouveler le mobil-home tous les sept ans, ce qui est une durée bien évidemment trop courte pour rentabiliser l'opération ;
- pas de charges excessives en supplément (eau, électricité, WiFi) qui ne seraient pas écrites de manière explicite dans le contrat ;
- possibilité de gérer directement le bien sans passer par la centrale de réservation du camping, qui peut prendre des commissions allant jusqu'à 30 % du chiffre d'affaires ;
- pas d'augmentation excessive du loyer de la parcelle sur laquelle se trouve le mobil-home (précisons que la location d'une parcelle varie de 3 000 à 5 000 € par an).

## Combien cela rapporte-t-il ?

Pour illustrer notre propos, nous allons prendre l'exemple d'un mobil-home d'occasion (5 ans) équipé de trois chambres, répondant au standing « haut de gamme » et installé dans un camping 4 étoiles. Dans un camping de ce type, vous pouvez louer votre parcelle environ 4 000 € par an.

Si vous achetez ce mobil-home à un prix raisonnable, soit 25 000 €, vous récupérez la TVA à 20 % sur cet achat, soit 5 000 € : votre mobil-home vous revient à 20 000 €.

En misant sur 2 500 € de bénéfices par an, vous aurez remboursé votre mobil-home en 8 ans (2 500 € × 8 = 20 000 €).

Comme indiqué plus haut, considérant un mobil-home d'une durée de vie de 20 ans, il vous reste encore 7 années d'exploitation, soit 2 500 € × 7 = 17 500 €.

Pour pallier les inévitables aléas et s'acquitter de quelques travaux de rénovation indispensables, comptez quelques milliers d'euros et vous obtenez entre 10 000 € et 15 000 € de bénéfices potentiels sur la durée de l'opération.

Cela génère donc une rentabilité nette de l'investissement de l'ordre de 10 %.

Rappelons tout de même que ces chiffres ne valent que si toutes les précautions évoquées ont bien été prises.

## Comment investir ?

Le marché de l'investissement dans les mobil-homes peut être considéré comme un marché de niche, relativement confidentiel bien qu'il se

développe de plus en plus. Nous l'avons déjà précisé, le choix du camping est important : il est préférable de se trouver dans une zone touristique qui assurera un taux de remplissage élevé.
Pour trouver un mobil-home, vous pouvez vous tourner vers les fabricants comme O'Hara, Rapidhome, IRM, ou alors privilégier des sites qui vous aident à rechercher des emplacements avec des mobil-home neufs ou anciens (Le Guide du mobil-home ou Tohapi).
Quoi qu'il en soit, ce type d'investissement requiert un engagement de votre part. En effet, aucune agence ne propose ce type de produits.

### Notre conseil

En premier lieu, c'est un peu comme une habitation traditionnelle, il faut sélectionner l'emplacement. Dans ce cas, privilégiez des campings 4 ou 5 étoiles proposant un large éventail de services et d'activités. En effet, la clientèle des mobil-homes n'est pas adepte de la tente igloo.
Encore mieux, visez des campings 3 étoiles en voie d'amélioration, cela vous permettra de payer un loyer de parcelle plus faible et d'augmenter le prix de vos locations plus tard.
Privilégiez les campings ouverts le plus longtemps possible.
Enfin, écartez tout camping imposant une clause abusive parmi celles évoquées ci-dessus.

## PARC ÉOLIEN

Investissement :
Rentabilité :
Risque :
Technicité :

### Description

Il ne s'agit pas, à proprement parler d'un investissement immobilier, mais plutôt d'un investissement pur dans un outil industriel ou dans une PME et comportant la notion de capital-risque.
De quoi s'agit-il exactement ? On parle toujours d'investissement sous forme de prêt, mais dans ce cas précis, vous êtes la banque et allez prêter au parc éolien une somme pour sa construction. Celui-ci vous remboursera par la suite avec les intérêts perçus.

Schématiquement :

- soit vous entrez au capital de la société qui porte le projet de construction du parc éolien ;
- soit vous lui prêtez une somme d'argent sous la forme de l'émission d'une obligation ;
- soit vous entrez au capital d'une centrale (le parc éolien est une entité juridique à part) ;
- soit vous prêtez directement à une centrale.

C'est un placement de long terme. Durant les 15 premières années d'exploitation, le parc éolien vend son électricité à un tarif fixé par l'État. Entre la 15e et la 20e année, l'électricité est vendue au marché libre sans tarif imposé. Après la 20e année, le parc est théoriquement amorti. Dans cette hypothèse, soit on le démantèle, soit on le reconstruit, soit on le prolonge. Le dernier cas peut s'avérer très avantageux pour l'investisseur.

## Avantages

Entre 2018 et 2028, la France compte doubler sa capacité de **production d'énergie éolienne**. Ceci implique donc une forte croissance du secteur éolien et la construction de nouveaux parcs. Le **potentiel à exploiter** est donc réel. Par ailleurs, la technologie liée à l'éolien est désormais maîtrisée et l'on peut considérer que cette filière est **techniquement arrivée à maturité**.
Le **risque est assez faible**. En effet, les projets d'implantation de parcs éoliens sont innombrables et requièrent des phases d'études et d'accréditation fouillées (identification des zones, prospection, développement, instruction avec permis de construire). Toutes ces phases s'étalent sur plusieurs années. Ainsi, lorsqu'un projet d'implantation devient concret, il a acquis une rélle fiabilité. Bien entendu, le risque zéro n'existe pas (tempêtes, casse, rendement inférieur à ce qui était prévu).
Il s'agit d'un **investissement éthique, écologique et durable**. Avec les contraintes qui pèsent actuellement sur le nucléaire, les normes en vigueur sur les émissions de $CO_2$ et la raréfaction progressive des énergies fossiles, il n'est pas inconvenant de penser que **l'inflation des prix de l'électricité sera plus élevée que prévu**. De fait, le parc éolien a toutes les chances d'être de plus en plus rentable.

## Précautions à prendre et inconvénients

On n'investit pas quand on veut : il n'est possible d'investir qu'**une fois par parc éolien**, au moment du financement. En outre, la durée d'engagement est relativement longue, généralement **15 ans minimum**.
On ne récupère pas de revenus immédiats, ce qui implique une **trésorerie bloquée pendant quelques années**.
Comme il s'agit d'un **marché assez confidentiel**, la revente de parts n'est pas aisée. Il faut dans un premier temps trouver un acheteur et, dans un second temps, fixer un prix de revente. Ce dernier point s'avère assez complexe, car il dépend d'une estimation de rendement du parc.
Même si le risque de défaut est assez limité sur ce type d'investissement, **votre capital n'est pas garanti**. On ne peut écarter formellement le risque de défaut de remboursement.

## Combien ça rapporte ?

La rentabilité varie en fonction du lieu choisi. La règle d'or de l'emplacement, déjà évoquée pour l'immobilier, s'applique également à l'éolien, mais avec un autre critère de choix, que l'on comprend aisément, à savoir le vent.
Par ailleurs, le type d'éolienne installée influe également sur la rentabilité. Cependant, une rentabilité nette de 4 à 5 % est tout à fait envisageable.
Cette rentabilité peut être augmentée si :

- l'inflation de l'énergie est supérieure à l'inflation « normale » ;
- la durée de vie de l'éolienne est prolongée au-delà des 20 ans classiquement pratiqués. La rentabilité peut alors atteindre 6 à 7 %.

## Comment investir ?

Le marché de l'investissement dans le parc éolien est un marché de niche et relativement confidentiel. Ainsi, pour investir, il est indispensable de se renseigner scrupuleusement et de se rapprocher de personnes du métier afin de capitaliser tous les éléments pour vous guider dans votre choix.
Des sites dédiés aux parcs éoliens permettent de recueillir des informations détaillées :

- www.energie-partagee.org
- www.lendosphere.com

Ce type d'investissement requiert cependant votre engagement. Vous ne trouverez pas d'agences vous proposant ce type de produits.

### Notre conseil

Pour un investissement dans un parc éolien, la solution la plus favorable est que le parc en question soit une entité juridique à part (une entreprise sans personnel). Et ce pour plusieurs raisons :

- l'entité juridique (parc éolien) engrange ses propres revenus en vendant l'électricité sur le réseau ;
- si la PME qui a développé le parc fait faillite, le parc reste solvable. Il peut être repris par d'autres investisseurs qui perpétuent son exploitation ;
- les banques prêtent également plus facilement à l'entité juridique parc éolien, car il n'est plus soumis au risque de faillite de la PME qui l'a conçu et construit.

**A SAVOIR**

Nous avons traité ici l'investissement en parc éolien, mais sachez que les mêmes mécanismes peuvent s'appliquer au parc solaire.

# FORÊT

Investissement :

Rentabilité :

Risque :

Technicité :

### Description

Investir dans l'immobilier, c'est investir dans la pierre ou… dans le bois. Si vous souhaitez diversifier votre patrimoine, l'investissement dans une forêt comporte un risque limité et un avantage fiscal intéressant. C'est un placement à long terme, avec un prix de l'hectare de forêt non bâti en constante évolution (environ 4 000 € en moyenne aujourd'hui).

### Avantages

L'avantage principal est une **fiscalité favorable** : investir dans une forêt permet une réduction d'impôt sur le revenu des personnes physiques équivalant à 18 % du montant de l'investissement, dans la limite annuelle de 5 700 € pour une personne seule et de 11 400 € pour un couple. En contrepartie, l'investisseur s'engage à conserver la forêt durant 15 ans et à la gérer dans le cadre d'un plan de gestion agréé (8 ans dans le cadre d'une souscription de parts dans un groupement forestier). Autre carotte fiscale, une réduction d'IR sur le versement de cotisations d'assurances couvrant des bois et des forêts (76 % des sommes versées). Ces deux incitations sont cumulables.

Si votre patrimoine est soumis à l'IFI (Impôt sur la Fortune Immobilière) en remplacement de l'ISF, vous bénéficiez d'un avantage fiscal non négligeable. En effet, le propriétaire d'une forêt ou de parts de GFI (Groupement Forestier d'Investissement) bénéficie d'une exonération de 75 % sur la valeur des forêts du GFI au titre de l'IFI. Il n'existe aucun plafonnement. Cet avantage peut être porté à 100 % s'il a souscrit au capital d'un GFI dès sa création. Pour profiter de l'abattement de 75 %, vous devez respecter certaines conditions : certificat de gestion durable, engagement de conserver sa propriété pendant 30 ans et obligation de présenter, tous les 10 ans, le bilan de cette gestion.

En ce qui concerne les donations ou les successions, vous pouvez **transmettre avantageusement une forêt** puisque vous serez exonéré de droits de succession à hauteur de 75 % jusqu'à 76 000 €, puis de 50 % au-delà, à condition que votre bénéficiaire s'engage pour 30 ans à pratiquer une gestion durable de la propriété.

La demande de bois pour l'énergie et la construction étant de plus en plus forte, cet investissement permet d'envisager **de bonnes plus-values à long terme**.

Cet investissement, relativement décorrélé des marchés financiers, constitue ainsi **un bon outil de diversification de patrimoine**.

## Précautions à prendre et inconvénients

Trouver une forêt dans laquelle investir n'est pas chose facile, car **le marché est restreint, local et confidentiel**. Seul 1 % de la forêt française est vendu chaque année. Acheter en direct nécessite une bonne expertise et une mise de départ importante.

L'investissement est **peu liquide** et comporte des **contraintes particulières** :

- reboiser les zones coupées ;
- prendre soin de la faune et de la flore locales ;
- faire face aux aléas climatiques et aux maladies des arbres.

### Combien cela rapporte-t-il ?

L'investissement dans une forêt rapporte de **2 à 3 % par an**. Toutefois, pour les patrimoines importants, la motivation principale est avant tout la fiscalité et la succession.

### Comment investir ?

Si vous souhaitez acquérir une forêt, privilégiez le bouche-à-oreille et soyez patient car les forêts se transmettent bien souvent de génération en génération. Il existe également quelques sites spécialisés dans le domaine, par exemple :

- www.sylvatransaction.fr
- www.foret-investissement.com
- www.foret-patrimoine.com
- www.foretsavendre.fr

Par ailleurs, il est possible d'avoir recours à un autre moyen : l'achat de parts dans des Groupements Forestier d'Investissement. Cette formule permet de diversifier les zones et les essences de bois, en réduisant ainsi les risques en cas de tempête ou de maladie des arbres tout en ayant une gestion facilitée.

### Notre conseil

L'investissement forestier est un placement solide, à long terme, à faible rentabilité mais fiscalement intéressant et représentant un bon potentiel pour les décennies à venir.

## DÉMEMBREMENT TEMPORAIRE ET NUE-PROPRIÉTÉ

Investissement :

Rentabilité :

Risque :

Technicité :

### Description

Le démembrement d'une propriété intervient généralement à la suite d'une décision de famille. C'est une solution intéressante pour transmettre un

bien immobilier, grâce à laquelle on efface les droits de succession sur le bien démembré et l'on minimise les frais de donation.
Nous allons aborder dans ce chapitre l'investissement en nue-propriété. À ce niveau, il est important de clarifier certaines notions du droit français, dont la pleine propriété qui s'organise en trois composantes :

- l'***usus***, ou le droit d'utiliser un bien, de l'habiter ;
- le ***fructus***, ou le droit de louer ce bien, d'avoir jouissance de ses revenus ;
- l'***abusus***, c'est-à-dire le droit d'aliéner ce bien, c'est-à-dire de le vendre, de le donner ou de le détruire.

Dans le cadre d'un démembrement, la pleine propriété du bien est scindée en deux : d'un côté l'usufruit (somme de l'*usus* et du *fructus*), de l'autre la nue-propriété (*abusus*).
Investir dans un bien démembré permet de se constituer un patrimoine immobilier sur le long terme. L'usufruit est généralement confié à un bailleur social (office HLM ou OPAC par exemple), qui se charge de louer le bien ; la nue-propriété est, elle, vendue à un ou plusieurs investisseur(s) privé(s).
La durée du contrat de vente est de 15 à 20 ans, échéance à l'issue de laquelle la pleine propriété revient à l'investisseur sans qu'il ait quoi que ce soit à débourser.

## Avantages

L'investisseur (ou nu-propriétaire) ne paie que la nue-propriété. Généralement, il achète le bien à **50 ou 60 % de sa valeur**. Précisons que plus la période d'usufruit est courte, plus la décote sera faible. Cette décote et la durée sont définies en amont de l'achat. Elles sont donc connues de l'investisseur.
En outre, il ne paie ni la taxe foncière, ni la taxe d'habitation pendant toute la durée du démembrement. Il ne s'occupe pas de la recherche des locataires, ni des charges, ni des impayés, ni des travaux. Seuls les honoraires du syndic de copropriété restent à la charge du nu-propriétaire.
Au niveau fiscal, **le bien acquis n'entre pas dans l'assiette taxable de l'IFI pour le nu-propriétaire durant le démembrement**. Précisons qu'une fois le démembrement terminé, le nu-propriétaire devient plein propriétaire et est soumis à l'IFI sur sa pleine valeur. C'est donc un avantage pour les personnes dont l'IFI est élevé, qui cherchent en outre à conserver un certain niveau de revenu à l'approche de la retraite. Pour les retraités ayant des revenus élevés, le démembrement peut s'avérer une solution intéressante pour accroître leur patrimoine immobilier.

Enfin, en cas d'acquisition d'un bien démembré par un emprunt, l'ensemble des intérêts sont déductibles des autres revenus fonciers.

## Précautions à prendre et inconvénients

Avant de vous engager dans ce type d'investissement, assurez-vous d'abord que vous n'aurez pas besoin de revendre ce bien trop vite. En effet, dans le cas du démembrement, le nu-propriétaire et l'usufruitier doivent être conjointement d'accord pour vendre le bien : en cas de désaccord, vous risquez de vous retrouver dans l'impossibilité de vendre.
**La période de la fin de l'usufruit est importante car l'on peut choisir de vendre le bien, le louer ou l'habiter**. Ainsi, 6 mois avant la fin de l'usufruit, nous préconisons, par lettre recommandée :

- soit de proposer au locataire un nouveau bail prenant effet au terme de l'usufruit. Le bien devenant un logement classique, le loyer ne sera donc plus modéré ;
- soit de donner congé au locataire pour vendre le bien ou l'occuper, au terme de l'usufruit.

Rappelons que le bailleur s'engage à reloger les locataires dans les mois qui précèdent l'extinction de l'usufruit. Le locataire devra donc accepter l'une de ces 2 offres.
Par ailleurs, afin de ne pas découvrir de mauvaises surprises à l'intérieur du logement à l'issue de la période d'usufruit, des **précautions seront prises dès la signature de l'acte notarié** :

- nécessité d'une convention avec l'usufruitier destinée à régler la **répartition des charges** ;
- signature d'un **contrat d'entretien** par l'usufruitier qui s'engage, pendant la période de démembrement, à entretenir en bon père de famille l'immeuble tant sur les parties privatives que sur les parties communes ;
- garantie que, dans les deux ans précédant l'extinction de l'usufruit, l'usufruitier s'engage à une **remise à niveau complète des biens**.

**ATTENTION**

Gardez à l'esprit qu'en tant qu'investisseur, vous ne toucherez aucun loyer : tenez compte de ce paramètre dans votre montage financier.

## Combien cela rapporte-t-il ?

Le démembrement est un **investissement sur le long terme**. Ce n'est qu'à la fin du mécanisme, une fois la pleine propriété récupérée, que vous pourrez louer le bien en nom propre et toucher des loyers. Si par ailleurs vous revendez le bien à cette échéance, vous pourrez également réaliser une plus-value, celle-ci dépendant toutefois du marché de l'immobilier à cette période.

## Comment investir ?

Il existe des agences ou des sites spécialisés dans la vente en nue-propriété (www.perl.fr par exemple) vers lesquels il est souhaitable de s'orienter. Certains promoteurs immobiliers sont également spécialisés dans ce domaine ou réservent une partie de leur construction à ce type de vente. Des programmes complets sont alors proposés.

## Notre conseil

Afin de ne pas se retrouver dans des imbroglios de périmètre de responsabilité entre usufruitier et nu-propriétaire, **mieux vaut passer devant un notaire pour la signature du contrat ou de la convention**. Le notaire fera figurer dans ce document tous les détails concernant la responsabilité de chacun afin qu'il n'y ait aucune divergence. Il y notifiera que les travaux sont à la charge de l'usufruitier et spécifiera clairement que l'entretien du bien est à la charge du locataire.

Il s'agit d'un **investissement à réaliser dans le cadre d'une vision patrimoniale à long terme** destiné à des investisseurs qui :

- ne cherchent pas un rendement locatif ou un revenu complémentaire immédiat ;
- ont la capacité financière d'effectuer une acquisition sans qu'elle soit financée par des loyers ;
- souhaitent diversifier leur patrimoine ;
- souhaitent se constituer un patrimoine immobilier sans alourdir leurs impôts (pas de revenus fonciers pendant la durée du démembrement) et générer des revenus complémentaires au moment de la retraite par exemple.

# *CROWDFUNDING* IMMOBILIER

Investissement :

Rentabilité :

Risque :

Technicité :

## Description

Le mécanisme du *crowdfunding* immobilier, ou financement participatif, connaît un certain essor aujourd'hui. De quoi s'agit-il ? Ce procédé permet à tout un chacun d'investir dans l'immobilier avec un ticket d'entrée minimum de 1 000 à 5 000 €.

Il faut savoir que les promoteurs immobiliers ont généralement besoin de mobiliser de 20 à 30 % du montant d'un projet immobilier pour en démarrer la construction. Dans ce contexte, l'apport des *crowdfunders* les intéresse particulièrement. Quant à vous, en tant qu'investisseur, vous devenez actionnaire du projet et, d'une certaine façon, promoteur par l'intermédiaire d'une *holding* détenant des parts d'une SCCV (Société civile de construction vente).

## Avantages

L'avantage le plus notable est la durée de détention de cet investissement. Votre argent est bloqué trois ans maximum (généralement c'est plutôt de l'ordre de 18 mois). Dans le domaine de l'immobilier, c'est donc **l'un des investissements les plus liquides**.

À l'instar des SCPI, **vous n'aurez pas à gérer le bien**, ce qui gomme le temps à consacrer à un locataire et à un syndic.

## Précautions à prendre et inconvénients

En tant que promoteur, si le projet subit des **coûts de construction plus élevés que prévus** (retards, travaux supplémentaires, problème environnemental), la rentabilité de votre investissement s'en ressentira. Une augmentation de capital sera nécessaire et la part de votre capital sera réduite.

**À SAVOIR**

Il existe des assurances offrant aux investisseurs la possibilité de se prémunir partiellement d'un éventuel problème. Un des services les plus courants concerne l'assurance-prêteur qui couvre l'épargnant contre un éventuel dépôt de bilan des entreprises financées ou d'autres risques liés à tous types d'investissements.

La plateforme de *crowdfunding* prélève une **commission allant jusqu'à 3 % des fonds levés** auprès des *crowdfunders.*
Il existe un **risque que les biens ne soient pas tous vendus**. Dans cette hypothèse, le rendement de l'opération peut en être très affecté. Le risque majeur reste la faillite du promoteur qui entraîne la perte totale du capital pour l'investisseur.
Le **choix de la structure juridique dans laquelle vous investissez** est essentiel. Si l'on vous propose un montage en SCI (Société Civile Immobilière), sachez que les associés sont tenus indéfiniment aux dettes, à proportion de leur part (en pourcentage) dans le capital. À éviter donc si possible, il vaut mieux privilégier des structures de type SAS.

## Combien cela rapporte-t-il ?

Les opérateurs de *crowdfunding* affichent en général une promesse de **rendement net compris entre 8 et 12 %.** Rappelons néanmoins que vous n'obtiendrez cette rentabilité théorique que si le chantier ne souffre d'aucun retard et que tous les biens sont vendus.

## Comment investir ?

Vous trouverez des plateformes proposant ce type d'investissement, telles que www.wiseed.com/fr, www.lymo.fr ou www.anaxago.com.

**À SAVOIR**

Le marché du financement participatif, relativement récent, se structure. Vérifiez que les plateformes de financement participatif sont bien enregistrées auprès du registre de l'ORIAS en tant que conseiller en investissement participatif (CIP) ou prestataires en services d'investissement (PSI) pour les plateformes proposant des titres

financiers aux investisseurs, ou en tant qu'intermédiaire en financement participatif (IFP) pour celles proposant des financements sous forme de prêt.
En échange du respect de ces règles, l'ACPR et l'AMF autorisent les structures à utiliser le label « Plateforme de financement participatif régulée par les autorités françaises ».
Sélectionnez également les plus transparentes et celles ayant le plus d'expérience.

### Notre conseil

Sur le papier, le *crowdfunding* semble accessible et simple. Cependant, ne faites pas l'impasse sur une analyse critique de l'emplacement du projet immobilier et du promoteur. Au-delà, cherchez à comprendre pourquoi le promoteur fait appel aux particuliers pour financer partiellement son projet. La plate-forme de *crowdfunding* doit vous aider dans cette analyse.
« La rentabilité paye un risque » : cet adage s'applique particulièrement au *crowdfunding*. Nous ne saurions trop vous conseiller de n'investir que ce que vous pouvez perdre en cas de coup dur et de faire un test raisonnable au regard de votre patrimoine.

## COLIVING

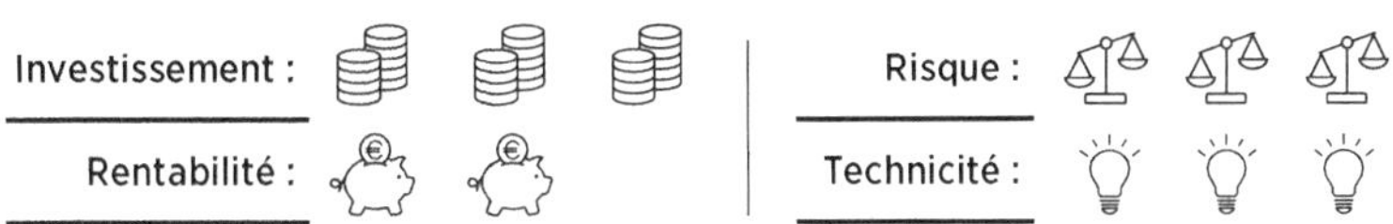


### Description

Covoiturage, colocation, coworking, la société évolue avec une forte notion de partage. Partage de frais, partage de moments de vie.
Dans cette lignée, la dernière tendance venue directement de grandes mégalopoles comme New York ou Tokyo est le coliving. Il s'agit d'un **concept d'habitat partagé à mi-chemin entre hôtel et colocation.**
Ce nouveau mode de vie en collectivité permet d'être moins seul et de fluidifier l'accès au logement.

Il intéresse la génération des millennials, les actifs en mission pour quelques mois, les femmes et hommes récemment divorcés ou les jeunes retraités.
Pratiquement, l'habitation est constituée d'espaces privatifs de 20 à 30 $m^2$ avec une chambre, une salle d'eau et une kitchenette et d'espaces partagés avec un salon, salle de sport, espace de travail, terrasse ...
Des services viennent également compléter les prestations : ménage, internet et abonnement Netflix, parking, cours de sport, vélos...
Une conciergerie permet de gérer toutes les opérations de la vie quotidienne telle que la récupération de ses vêtements au pressing.
Dans certains ensembles, le développement du concept va jusqu'à proposer des épiceries, des mini bars ou des animations pour rendre la vie communautaire plus vivante.

## Avantages

Les loyers que l'on peut attendre d'un logement en coliving sont nettement au–dessus de ceux pratiqués sur le marché locatif meublé traditionnel. Dans les grandes villes, on pourra compter sur 900 € pour un studio. Rien d'étonnant à cela puisque toute une palette de services est proposée.
Par ailleurs, la **demande locative sur ce type de biens est exponentielle** : des biens neufs, bien équipés, un panel de services étendu, avec une décoration contemporaine. Tous les ingrédients sont présents pour obtenir un excellent taux d'occupation (de l'ordre de 99 %).
La fiscalité est intéressante car il s'agit de **locations meublées**. L'imposition est donc dans la catégorie des revenus industriels et commerciaux sous le régime LMNP.

## Précautions à prendre et inconvénients

À la base d'un investissement immobilier en coliving, on trouve donc des biens immobiliers de grande taille comme un immeuble ou une grosse maison de ville. Ce phénomène étant en plein développement, on constate qu'il concerne des investissements dans le neuf, avec des programmes immobiliers qui misent sur le standing. La conséquence directe, qui peut représenter un frein, est le **prix très élevé** du bien immobilier en lui-même.
Certaines questions d'ordre légal sont encore en débat au niveau des pouvoirs public, notamment le cadre juridique dans lequel un logement neuf en coliving doit être loué. Doit-il s'apparenter à un produit d'hôtellerie ou à un produit résidentiel ? Certains législateurs se prononcent en faveur d'un contrat de location spécifique au coliving, incluant la dimension liée

aux services et à la prestation de l'hébergement. Des précisions quant au type de contrat selon sa durée sont aussi en discussion.

## Combien cela rapporte-t-il ?

La localisation est un élément important même si ce type de bien n'est proposé que dans les grandes agglomérations. On pourra tabler sur une rentabilité de **4 à 8 %**.

## Comment investir ?

Pour investir en coliving, il est possible d'acheter un immeuble ou une grande maison et de l'aménager en conséquence. Cependant, le budget nécessaire n'est pas à la portée de toutes les bourses (minimum 1 million d'euros). Ce type de projet peut être mené directement ou en passant par des opérateurs spécialisés (everinvest par exemple).
Des projets proposés par des plateformes de crowdfunding (Anaxago par exemple) sont financés en partie des particuliers. Cela permet donc de limiter le risque.
Enfin, IKOAB, start-up belge, rénove et restructure des biens en espace de coliving. Elle s'appuie sur des investisseurs particuliers avec un ticket d'entrée de 15 000 €.

**A SAVOIR**

Les gérants de SCPI possèdent de plus en plus d'opérateurs de coliving. Cela constitue une alternative intéressante pour se lancer dans ce domaine pour quelques milliers d'euros.

## Notre conseil

Le coliving constitue-t-il un nouvel eldorado ou s'agit-il d'un effet de mode ? Selon nous, il est trop tôt pour se prononcer car le **concept est récent** et se classe encore dans les **tendances émergentes**. Nous n'avons donc pas suffisamment d'antériorité pour juger de la pérennité de la demande et des différents acteurs de ce type d'investissement.
Cela étant dit, les perspectives sont positives car les **besoins de flexibilité sont de plus en plus élevés**. Certains spécialistes pensent que le coliving suivra la tendance du coworking. Certaines entreprises, pour séduire

leurs dernières recrues millenials, tendent à proposer de plus en plus ce type d'avantages.
Le coliving préfigure-t-il une nouvelle manière de se loger ? Les paris sont ouverts.

# STUDIO ET BUREAU DE JARDIN

Investissement : 

Rentabilité : 

Risque : 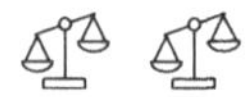

Technicité : 

## Description

Depuis quelques années, nous assistons à l'apparition de nouveaux acteurs qui proposent des constructions compactes et très fonctionnelles à installer dans son jardin, généralement en bois avec des bardages efficaces et design.
L'idée de ces constructions est de pouvoir bénéficier de mètres carrés supplémentaires à destination de la location pour un prix très raisonnable, mais avec tout le confort et l'efficacité d'un logement moderne.
Les studios de jardin constituent la solution idéale si vous souhaitez mettre à profit la surface de votre jardin en la rendant unique, pratique et fonctionnelle.

## Avantages

Avec une surface de 20 m$^2$, aucun permis de construire n'est requis, ce qui facilite l'acquisition de cet espace ayant de nombreux avantages ! Par ailleurs, la surface peut aller jusqu'à 40 m$^2$ si vous en avez le besoin, s'il s'agit d'une extension. Une simple déclaration préalable de travaux suffit à valider votre projet. Il peut être distant de votre maison ou attenant avec un accès direct. L'autorisation administrative pour une construction en bois de ce type sans permis de construire est ainsi trois fois plus rapide à obtenir qu'une maison en bois.
Le temps de construction de ce type de studio de jardin est extrêmement court et sans comparaison par rapport à la construction d'une maison classique.

La plupart des acteurs proposent des constructions en bois conformes à la norme RT 2012, ce qui garantit un bien parfaitement isolé, facile à chauffer et qui restera relativement frais lors des périodes estivales. Pour un investissement compris entre 20 000 et 50 000 €, vous pouvez bénéficier d'un bien d'une qualité de finition tout à fait convenable. La durée de vie de ce type de bien est souvent garantie par les constructeurs entre 15 et 20 ans.
Vous pouvez choisir la destination de votre studio en fonction de vos projets :

- si l'extension se destine à un usage d'habitation, il faudra sans doute l'équiper d'une salle d'eau, d'une cuisine et, pourquoi pas, d'un espace de rangement ;
- si vous souhaitez vous lancer dans la location d'un bien à usage commercial, exit la cuisine et bienvenue au bureau professionnel d'un jeune auto-entrepreneur, avec les connexions indispensables ;
- avec la crise sanitaire liée à la COVID-19 et l'accélération du télétravail, ce type de construction peut également être une proposition intéressante pour vous-même ou même à la location pour les personnes ne disposant pas de surfaces suffisantes.

## Précautions à prendre et inconvénients

Même si tous les arguments mis en avant par les constructeurs de studios de jardin tendent à faire croire que l'installation est facile, il faut toutefois garder en tête quelques éléments à surveiller pour la réussite de votre projet.
Tout d'abord, il est important de se documenter sur la solution proposée par le constructeur. Certains proposent des studios en kit montés sur place, d'autres proposent des cellules complètes déjà construites directement acheminées sur votre terrain. Dans ce cas, il est important de vérifier l'accessibilité à votre terrain pour la grue qui déposera la structure.
Autre point important très rarement abordé : celui du raccordement aux différents réseaux. Bien entendu, si vous investissez dans un studio de jardin en vue d'une location, il faudra prévoir l'arrivée de l'eau, l'évacuation des eaux usées et l'arrivée de l'électricité, voire de la fibre pour la connexion internet. Même si le studio est entièrement prédisposé, des travaux supplémentaires dans votre terrain seront à planifier pour assurer tout cela. C'est un coût supplémentaire à prévoir dans votre projet.

## Combien cela rapporte-t-il ?

Plus lucrative qu'un studio ou qu'un petit appartement, le studio de jardin a une rentabilité pouvant avoisiner les **15 %** selon les régions.
Cette forte rentabilité s'explique notamment par le prix d'achat avantageux de ce type de construction.

> **À SAVOIR**
>
> La solution du studio de jardin peut également vous séduire si vous souhaitez garder auprès de vous une personne âgée ou une personne à mobilité réduite tout en lui préservant une certaine intimité et en respectant la vôtre. La plupart des studios de jardin respectent les normes PMR. L'investissement sur plusieurs années peut être beaucoup moins onéreux que les mensualités dans des établissements spécialisés qui ne vous donnent pas la possibilité de voir votre proche aussi souvent que vous le souhaitez.

## Comment investir ?

Le marché de ce type de bien est en plein boom, vous n'aurez donc aucun problème à trouver un constructeur qui propose des studios de jardin. Parmi eux, des entreprises françaises mettent en avant le savoir-faire français et les filières de bois françaises.
Parmi les acteurs du secteur, on peut citer :

- Greenkub ;
- Edencube ;
- Natibox ;
- Quadrapole.

Il existe également des solutions plus originales basées sur le recyclage de container comme EKO-life.

## Notre conseil

Avant d'investir dans un studio de jardin, il est indispensable de construire auparavant le projet que vous lui associez. Si vous vous orientez vers le locatif, une étude de marché sur la solvabilité de votre projet est indispensable. Est-ce qu'il répond à une demande réelle et de ce fait, est-ce que le studio que vous allez choisir sera en adéquation avec cette demande ?
Par exemple, si vous optez pour un studio de jardin de type habitation pour un étudiant, il faut qu'il y ait dans les environs de votre habitation une demande pour des logements étudiants.

Chapitre 3

# TROUVER LES **BONNES AFFAIRES** IMMOBILIÈRES **ET BIEN CHOISIR**

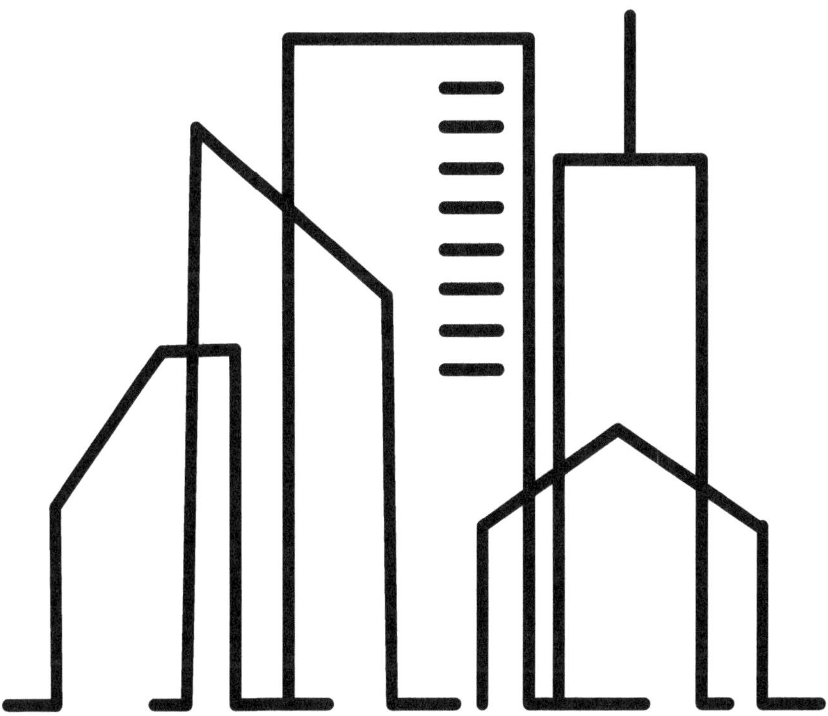

*« C'est l'impatience de gagner qui peut vous faire perdre. »*
Louis XIV

*« Il suffit de prêter attention ; les leçons viennent toujours quand vous êtes prêt, et si vous êtes attentif aux signes, vous apprendrez toujours tout ce qui est nécessaire pour l'étape suivante. »*
Paulo Coelho

# 1. COMMENT CHERCHER EFFICACEMENT ?

## Soyez attentif

Chercher efficacement un bien immobilier, c'est-à-dire trouver un bien avec un bon potentiel de rentabilité qui s'autofinance et ne vous prend pas trop de temps nécessite rigueur et méthode. Afin de simplifier notre propos, nous nous focaliserons sur les biens d'habitation et commerciaux.

Rechercher un bien immobilier nécessite de faire preuve d'une attention particulière à tous les signaux faibles environnants et de faire l'effort de porter un regard curieux sur le monde tout en restant ouvert aux autres.

Il s'agit finalement de témoigner des mêmes qualités que lorsque vous partez cueillir des champignons, une fois que vous avez choisi la forêt où les ramasser :

- **Prenez votre temps.** Cherchez votre bien en circulant à pied pour être attentif à tous les détails et indices susceptibles de le dévaloriser. Faites également votre recherche en voiture si vous vous intéressez à un local commercial : cela permet d'en vérifier l'accessibilité.
  **En pratique** – Par exemple, s'il s'agit d'un bien d'habitation, soyez vigilant sur :
  - la proximité de nuisances sonores, telles que la présence de lignes de chemin de fer, de routes passantes, de lignes aériennes ;
  - les risques de catastrophes naturelles comme les inondations ou les glissements de terrain ;
  - les projets d'évolution de l'environnement proche (n'hésitez pas à vous renseigner auprès de la mairie) ;

  - les éventuels projets de la copropriété (ravalement, changement de chaudière, installation d'un portail automatique, installation d'un système d'alarme, mise aux normes de l'ascenseur, travaux de toiture...).

- **Parcourez vos trajets dans les deux sens** pour disposer de plusieurs angles de vue (un champignon ne se voit parfois qu'après plusieurs passages).
  **En pratique** – Par exemple, si vous recherchez un local commercial, accédez à ce local par l'un des côtés de la rue, puis faites de même par l'autre côté. Vous découvrirez peut-être que les murs du local convoité sont occupés par un locataire ayant plusieurs concurrents dans cette même rue.
- **Allez dans le détail et faites le tour du bien pour mieux en appréhender l'environnement** (comme on fait le tour du pied de l'arbre pour y trouver des champignons). Les bonnes affaires ne sont pas celles qui affichent « Bonne affaire », elles sont en général cachées et ne se dévoilent que lorsqu'on cherche avec curiosité et persévérance.
  **Le bon conseil** – N'hésitez pas à visiter à plusieurs reprises le bien, à des jours et des horaires différents.
- « Patience est mère de sûreté » comme dit le vieil adage. **Ne vous précipitez pas sur le premier bien** qu'on vous propose, au risque de regretter votre empressement. Certains champignons présentent de bien jolies couleurs, mais se révèlent particulièrement dangereux ; c'est exactement la même chose pour des biens qui peuvent être entachés de vices cachés.

## Disposez d'une grille de cotation du bien

Bien évidemment, aucun bien immobilier ne ressemble à un autre. Il est donc important que vous disposiez de votre propre grille de cotation afin de lister les différents éléments à aborder lors d'un premier contact téléphonique ou de votre visite à un agent immobilier ou un propriétaire.

Vous trouverez en annexe une grille de cotation complète que nous vous proposons d'utiliser, quel que soit l'investissement immobilier choisi – appartement, maison ou local commercial.

Vous connaissez désormais l'état d'esprit adéquat et d'une grille de cotation détaillée pour chercher efficacement un bien immobilier, ajoutons maintenant quelques techniques.

## Une astuce qui vaut de l'or

Vous cherchez un bien commercial et une annonce vous semble intéressante, mais le prix du bien proposé est un peu élevé. Rassurez-vous : en réduire le prix d'environ 5 % est possible. Comment faire pour gagner plusieurs milliers d'euros en quelques minutes ? L'objectif est de traiter en direct avec le propriétaire. Seul problème : vous ne le connaissez pas. Voici deux techniques à tester.

### La technique du « Mentalist »

Vous appelez l'agent immobilier qui a fait paraître l'annonce pour prendre des informations sur le quartier, la rue, et le type d'activités exercées dans le local ciblé. Attention, les agents immobiliers ne sont pas naïfs. Aussi, prenez soin de paraître sérieux, crédible, et faites preuve d'un minimum de subtilité et de psychologie. Il est beaucoup plus simple d'accéder à ce type d'information si vous indiquez que vous ne recherchez des biens que dans une rue très commerçante. Une fois les informations obtenues, cherchez dans les *Pages jaunes* toutes les boutiques correspondant au type d'activités décrites dans la zone concernée et contactez-les une à une. Vous tomberez probablement sur le locataire du bien convoité : tentez alors votre chance en lui indiquant que vous avez eu des informations sur une éventuelle vente des murs dans lesquels se trouve son local commercial et que vous souhaitez connaître le nom du propriétaire. Cela vous permettra également de savoir si le locataire est potentiellement acquéreur du bien car, dans certain cas, il sera prioritaire (droit de préemption). Cette technique ne fonctionne pas à tous les coups, bien sûr, mais si elle fonctionne ne serait-ce qu'une seule fois sur l'un des biens que vous souhaitez acheter…

### La technique de « Columbo »

Certaines annonces publiées sur les sites présentent une photo de la devanture du local commercial avec son enseigne.

Faites sortir l'inspecteur Columbo qui est en vous et observez très attentivement cette photo. Vous y découvrirez peut-être le nom du magasin ou, s'il n'y est pas ou qu'il est flouté, le nom d'une boutique voisine. Cherchez également un numéro ou une plaque de rue, tous les indices possibles sur les produits vendus dans les boutiques attenantes. Contactez l'agence pour tenter d'en savoir plus sur la localisation exacte.

Utilisez enfin GoogleStreetView pour vous assurer de la bonne localisation du bien et contactez là encore le locataire afin d'obtenir les coordonnées du propriétaire.

**ATTENTION**

Les vues issues de GoogleStreetView peuvent ne plus correspondre aux boutiques actuelles, car ces vues ne sont pas mises à jour en temps réel. Un contrat d'exclusivité peut lier le vendeur des murs avec l'agence qui les commercialise, auquel cas votre démarche auprès du propriétaire restera vaine.

Si vous avez pu mettre en pratique l'une de ces deux techniques, vous aurez économisé les frais d'agence, soit en général les 5 % dont nous parlions au départ.

Comme vous l'avez compris, Il est essentiel, à partir de maintenant, de modifier votre regard et d'être en alerte permanente quant aux signaux faibles d'une future vente. Que cela concerne de nouveaux lieux que vous visitez, mais aussi ceux du quotidien que l'on regarde avec moins d'attention, par habitude.

**LE BON CONSEIL**

- Si vous êtes en recherche active d'un local commercial, allez flâner en centre-ville un samedi après-midi. Vous remarquerez alors d'éventuelles pancartes « à vendre », mais peut-être également une pancarte « liquidation », potentiellement annonciatrice d'une vente de murs commerciaux.
- Les divorces, mutations et décès sont également des événements annonciateurs de ventes immobilières. Les divorces nécessitent en effet de vendre le bien pour payer une pension et refaire sa vie, les mutations, elles, pour trouver un autre logement et enfin les décès, pour payer les droits de succession. Le malheur des uns fait parfois le bonheur des autres...

## 2. COMMENT GAGNER DU TEMPS ET PASSER DEVANT LES AUTRES ?

Vous disposez déjà de quelques outils et techniques, mais le problème est que vous n'êtes pas le seul investisseur à partir en quête du bien idéal. Afin de ne pas revenir bredouille, vous devez maintenant adopter une méthode qui vous aidera à prendre une longueur d'avance sur vos concurrents.

Bien évidemment, lorsqu'on s'intéresse à des biens d'habitation traditionnelle, les offres ne manquent pas, surtout en période de crise où la demande est moins forte. Malgré tout, il est indispensable de savoir détecter les bonnes affaires au cœur de cette offre abondante pour réagir le premier.

Si l'on jette son dévolu sur un investissement un peu moins conventionnel tel qu'un immeuble de rapport ou un bien commercial par exemple, les concurrents sont, en général, des investisseurs professionnels. Il est alors primordial de ne pas perdre une minute. Vous devez être en permanence en état de vigilance, afin de ne rien manquer, surtout pas cet investissement idéal caché parmi tant d'autres.

Alors quelles pistes allez-vous suivre pour trouver ce bien ? Nous allons vous révéler les mécanismes de la méthode CCA (prononcer « c'est ça »), qui vous permettra de multiplier vos chances de dénicher les bons investissements avant les autres.

**LE BON CONSEIL**

Pour gagner du temps et passer devant les autres, appliquez la méthode **CCA** :

- **C**onstituer son réseau et communiquer.
- **C**hercher partout.
- S'**a**bonner aux différents sites spécialisés.

## Constituez votre réseau et communiquez

La première piste consiste à faire savoir à toutes les personnes susceptibles de vous apporter des informations que vous êtes à la recherche d'un bien. En effet, si vous voulez prendre vos concurrents de vitesse, il est essentiel d'abord d'avoir constitué votre réseau d'informateurs et que celui-ci soit au courant de vos intentions.

Souvenez-vous que les meilleures affaires se concluent très souvent sans intermédiaire et sans qu'aucune annonce n'ait été passée. Si certaines passent par des réseaux de professionnels (agents immobiliers, notaires), d'autres vous seront communiquées par des personnes sans lien avec le marché de l'immobilier : les concierges dans des copropriétés, les commerçants pour des locaux commerciaux, service urbanisme des mairies pour des terrains.

Il y a quelques années, conscients que nous n'étions pas les seuls sur le créneau des murs commerciaux, nous avions pris contact avec plusieurs commerçants pour obtenir des informations sur une rue commerçante d'une ville de province que nous avions visée et savoir s'ils avaient connaissance de murs à louer et à vendre.

Nous possédions déjà des murs commerciaux dans cette même rue et souhaitions les vendre pour en acquérir d'autres plus grands (vous vous apercevrez, en pratiquant l'investissement immobilier comme nous, que celui-ci peut vite devenir une addiction ou un virus qui s'attrape en fréquentant d'autres personnes « contaminées » !)

L'un des commerçants nous a informés d'un projet de vente de murs faisant suite à un décès : en très peu de temps, nous avons trouvé un acquéreur avec lequel nous sommes tombés d'accord sur le prix du local que nous vendions et avons acheté les murs qui nous intéressaient.

Donc, retenez que vous devez toujours communiquer sur vos intentions auprès des personnes susceptibles de vous renseigner.

N'oubliez pas, non plus, que vous pouvez provoquer le hasard.

## Cherchez, partout

Faire sa recherche sur les sites de petites annonces constitue la seconde piste.

Il existe aujourd'hui un incontournable dans le domaine de la recherche immobilière que l'on ne peut ignorer, le site www.leboncoin.fr, qui est devenu la référence dans le domaine des petites annonces, y compris celui des annonces immobilières. Qu'il s'agisse de vendre une moto, une voiture, un meuble ou un bien immobilier, on y trouve des annonces de particuliers et mais aussi de professionnels. Le fait que des professionnels diffusent leurs annonces sur cette plateforme traduit bien l'importance qu'ils donnent à l'audience de ce site.

Ce site, relativement basique, permet de sauvegarder ses recherches, une fois son compte créé, puis d'être alerté par mail lorsque de nouveaux résultats correspondant aux recherches sauvegardées apparaissent. Il est ainsi possible d'utiliser des critères – tels que « F2 loué », « murs commerciaux loués » ou « murs commerciaux occupés » – qui permettent un gain de temps dans la recherche. Pour autant, il vous faudra apporter un autre ingrédient à vos requêtes.

Le secret n'en est pas un : il faut passer quotidiennement du temps à analyser l'ensemble des annonces du jour qui vous sont envoyées par mail. Avec l'habitude, cela ne prend pas plus de temps que de regarder une émission de télévision de 30 minutes sans intérêt.

Nous étudierons plus loin la recette infaillible qui vous permettra de détecter les biens à problèmes, mais surtout les meilleurs biens destinés à compléter avantageusement votre patrimoine. En attendant, il est important de soigner ses recherches sur les différents sites de petites annonce (que ce soit « leboncoin » ou un autre). Ce sont ces annonces qui vont vous servir à bâtir vos alertes et à recevoir des mails pertinents. Le temps que vous passez à construire correctement ces alertes est autant de temps gagné à éviter la lecture d'annonces mal ciblées.

**LE BON CONSEIL**

Une annonce est considérée « intéressante » si elle respecte vos critères de sélection : un taux de rentabilité maximal, un bon emplacement, un état correct du bien...

Lorsque vous avez repéré une annonce intéressante.

- Demandez par téléphone ou, à défaut, par mail les informations complémentaires à l'annonce. Vous récupérerez en premier lieu les éléments suivants : prix, loyer annuel, ville, emplacement, rue (voire numéro dans la rue), charges diverses, état du bien, type d'activités exercées s'il s'agit d'un bien commercial, bail (envoyé par scan), raison de la vente.

**À SAVOIR**

N'hésitez pas à parcourir également le site www.vivastreet.com avec les mêmes modes de filtrage.

## Abonnez-vous

S'abonner à des sites offrant des annonces est la troisième piste.

Dans le domaine des biens d'habitation, il existe pléthore de sites professionnels. Parmi les plus connus : www.seloger.com et www.bienici.com. L'offre y est très abondante (près d'1,5 million de biens). Il est donc essentiel de vous y abonner, en sélectionnant le type de biens que vous recherchez. Vous recevrez ainsi les alertes en temps réel sur votre smartphone.

Vous trouvez aussi des annonces sur :

- www.century21.fr ;
- www.logic-immo.com ;
- www.immobilier.lefigaro.fr ;
- www.pap.fr (annonces de particuliers).

Au même titre que les agents immobiliers, les notaires peuvent proposer des biens à la vente. Sauf situation particulière, les frais et commissions seront sensiblement identiques. On trouvera les annonces des notaires sur ces sites :
- www.immobilier.notaires.fr ;
- www.immonot.com.

Enfin, vous pouvez vous abonner aux enchères de biens immobiliers où il est possible d'acquérir un bien à un prix inférieur au marché (ce n'est toutefois pas une règle). Il existe trois types d'enchères :
- les ventes de notaires ;
- les ventes judiciaires dans les tribunaux de grande instance (TGI) ;
- les ventes de domaines.

**ATTENTION**

Acheter un bien immobilier aux enchères n'est pas sans risque. Vous devrez prendre vos précautions avant d'enchérir. En effet, toute offre est considérée comme ferme et toute enchère remportée comme définitive. Il n'y a aucun délai de réflexion ni de rétractation. Pensez aussi aux frais additionnels qui varient en fonction des maisons de vente, mais qui sont à intégrer au financement de votre projet.

Voici quelques sites dédiés de ventes aux enchères :
- www.encheres-publiques.com ;
- www.notairesdugrandparis.fr ;
- www.paris.notaires.fr ;
- www.vlimmo.fr ;
- www.info-encheres.com ;
- www.immobilier.notaires.fr.

Le domaine des biens commerciaux est une sorte de monde parallèle, bien moins connu que celui de l'immobilier des biens d'habitation. Il a donc ses propres sites dédiés, dont voici les principaux :
- www.bureaux-commerces.seloger.com ;
- www.murscommerciaux.net ;
- www.transactioncommerce.com ;
- www.cessionpme.com ;
- www.procomm.fr ;

- www.century21.fr/commerce_entreprises ;
- www.capifrance.fr (rubrique commerces) ;
- www.guyhoquetcommerce.com ;

La plupart de ces sites proposent une formule d'abonnement. Utilisez-la avec les filtres adaptés à votre recherche, vous gagnerez beaucoup de temps.

**LE BON CONSEIL**

Organisez-vous et parcourez ces sites quotidiennement, c'est essentiel. Vous devez être rigoureux en inscrivant cette discipline dans vos rituels journaliers. La bonne affaire n'attend pas : vous devez donc vous tenir prêt à basculer dans le montage d'une affaire très rapidement (nous reviendrons sur ce point plus tard). Et persévérez, car vous n'êtes pas seul à rechercher le bien de vos rêves et cette phase n'est que temporaire.

## 3. LES 3 RÈGLES D'OR À RESPECTER POUR FAIRE LE MEILLEUR CHOIX

Investir dans l'immobilier, c'est se fixer des objectifs, visiter des biens et faire des choix. Pour séparer le bon grain de l'ivraie, vous devez respecter les 3 règles d'or ci-dessous.

### 1re règle : savoir ce que vous voulez et ce qui est à votre portée

Vous souhaitez investir dans l'immobilier, mais encore faut-il que vous ayez défini précisément vos objectifs et que vous sachiez répondre à ces questions :

- Votre objectif est-il de vous constituer un patrimoine ou d'obtenir une rente mensuelle ?
- Quel temps êtes-vous prêt à consacrer à cet investissement, à l'achat et à la gestion ?
- Quel niveau de risque êtes-vous prêt à prendre ?
- Quels types d'investissement vous intéressent (voir chapitre 2) ?

Vous devez également connaître le montant que vous pouvez investir. Le financement est traité au chapitre 7, mais il faut que vous ayez d'ores et déjà un ordre d'idée de la somme à laquelle vous pouvez prétendre.

**ATTENTION**

Ce n'est pas parce que vous avez trouvé un bien avec une rentabilité de 25 % que vous pourrez boucler un financement d'1 million d'euros avec un revenu mensuel de 2 500 €. En effet, vous devez toujours vous préparer au pire en comptant sur une trésorerie ou des revenus susceptibles de pallier les potentielles vacances locatives.

## 2e règle : connaître le prix du marché pour mieux évaluer la rentabilité du bien

La pertinence d'un investissement locatif repose avant tout sur l'évaluation de sa rentabilité, notion essentielle quand il s'agit d'aboutir à un autofinancement.

L'autofinancement permet de financer un investissement immobilier dont les mensualités locatives couvrent l'ensemble des coûts liés au bien : mensualités de remboursement du prêt, frais d'exploitation et fiscalité. Le prêt intégrera le prix d'achat du bien, les frais de notaire et les coûts de garantie du prêt. Les frais d'exploitation intégreront les charges annuelles et la taxe foncière. Il faut également tenir compte de la fiscalité propre à chacun et qui affecte la rentabilité.

On distingue différents types de rentabilité. En première approche, pour trier les biens, on va se limiter à calculer **la rentabilité brute**.

**LE BON CONSEIL**

Afin de trier rapidement les annonces, nous vous conseillons de ne retenir que les biens dont la rentabilité brute est supérieure à 10 %.

Comme vous le constatez, l'une des variables fondamentales de cette équation est le prix d'achat du bien. Pour vous faire une idée juste de son estimation, il vous faut connaître le prix du marché environnant.

Évaluer le prix du marché nécessite de vous appuyer sur un faisceau d'informations issues de différentes sources :

- les agences immobilières ;
- les annonces de sites tels que www.seloger.com ;
- les annonces de biens similaires si l'on vise un appartement dans la même résidence.

**LE BON CONSEIL**

Attention ! Les prix indiqués dans les annonces issues de particuliers ou de professionnels ne sont pas les prix « définitifs » de vente. Il est indispensable de les nuancer avec la marge de négociation que va subir le bien. N'oubliez pas ce qui peut paraître évident : le prix d'un bien est celui auquel il se vend.
Même s'il s'appuie sur des données issues des sites d'annonces, le site www.castorus.com donne une évolution en temps réel du prix de tous les biens en vente. Ce prix sera nécessairement corrigé de la marge de négociation, mais il permet déjà d'avoir des éléments très précieux, qui vous seront utiles lors de votre négociation avec le vendeur.

Une base beaucoup plus fiable provient du montant réel des transactions, accessible depuis les données fournies par les notaires sur :

- www.paris.notaires.fr pour les biens situés en région parisienne ;
- www.immoprix.com pour les biens situés en province ;
- www.meilleursagents.com ;
- www.efficity.com.

Notons que le site www.meilleursagents.com propose une estimation relativement personnalisée en corrigeant éventuellement les données issues de la base des notaires.

Par ailleurs, la base de données PATRIM (www.service-public.fr) permet, depuis mai 2017, d'obtenir les informations (anonymes) sur les transactions de biens situés dans un rayon de cinquante mètres à vingt kilomètres autour d'une adresse : description, année de construction, superficie, prix et date de vente sur les cinq dernières années. Sachez que vous devez vous connecter avec vos identifiants fiscaux (numéro fiscal et mot de passe).

Si vous ne souhaitez pas utiliser vos identifiants fiscaux, vous pouvez également trouver des informations sur les ventes réalisées en France avec les données cadastrales sur le blog Etalab de la direction interministérielle du numérique. Ce site est né fin 2019 : (https://app.dvf.etalab.gouv.fr/). Attention, cela devient rapidement addictif.

Une autre solution est encore de consulter le site https://adresse-francaise.com/index.php# qui est une fusion de 3 bases différentes. Il permet, à partir d'une adresse, d'avoir les coordonnées des habitants ainsi que les données des ventes sur ces adresses. C'est une approche complémentaire. L'appli « Prix immo » sur Apple permet également d'accéder à ce type d'informations à partir d'un iPad ou d'un iPhone.

Une fois que vous avez choisi un bien, pour être plus précis dans votre étude, vous pouvez utiliser la rentabilité nette. Elle s'appuie sur la rentabilité brute de laquelle est retranché l'ensemble des « frais annuels » à savoir :

- les taxes ;
- les frais de gestion ;
- les éventuelles vacances locatives ;
- les charges diverses.

**LE BON CONSEIL**

Le site www.rendementlocatif.com propose un véritable outil d'aide à la décision sur la pertinence d'un investissement immobilier, qui s'appuie sur l'examen en temps réel de toutes les annonces parues pour la France corrigées de leur marge de négociation.

Il permet de déterminer le meilleur régime fiscal en optimisant la durée de l'emprunt, en offrant une série de services, dont un dossier bancaire consignant les données de votre projet, par exemple. Cet outil particulièrement puissant donne un calcul précis de la rentabilité du bien après impôts. Il est proposé en version de base gratuite et en version payante avec des fonctionnalités plus avancées.

## 3e règle : être réactif et organisé

Cette règle d'or consiste à faire preuve de réactivité et d'organisation.

Mettons-nous en situation grâce à un cas pratique. Imaginons que vous avez trouvé un bien commercial présentant tous les symptômes de la bonne affaire. Il va falloir que vous vous décidiez très vite car, nous l'avons dit, les bonnes affaires partent rapidement. Or vous habitez Paris et le bien est situé à Toulouse. Comme nous le verrons plus loin, il est inconcevable que vous achetiez ce bien sans vous déplacer car il est primordial de s'imprégner du quartier et de l'environnement.

Vous devez donc prendre rapidement une décision, qui va peut-être changer votre vie. Allez-vous vous déplacer à Toulouse ? Oui, mais vous devez organiser votre voyage très rapidement, ce qui va occasionner des frais sans aucune garantie de retour sur investissement. Vous vous dites que c'est un peu fou, mais également que cette folie est raisonnée puisque vous avez déjà complété votre grille de cotation dont la majorité des indicateurs sont au vert et que vous avez vérifié, sur GoogleStreetView, que la localisation était attrayante.

Une fois votre déplacement décidé, vous devez rentabiliser la journée consacrée à cette recherche. Pour ce faire, voici comment procéder :

- Recherchez très attentivement sur Internet tous les murs commerciaux similaires présentant un intérêt et se situant dans les environs du bien convoité (maximum 100 km en voiture). Persévérez, vous trouverez.
- Organisez votre déplacement un jour de semaine, hors le lundi : le week-end n'est pas représentatif du niveau de commercialité d'un centre-ville et bon nombre d'agences immobilières et de commerces sont fermés le lundi. En outre, les billets de train ou d'avion coûtent moins cher en semaine.
- Contactez les agences régionales pour les informer de votre passage le jour J et demandez-leur de vous présenter d'autres biens. Faites-vous connaître !
- Commandez vos billets de train ou d'avion (en privilégiant bien sûr les compagnies *low-cost*).
- Réservez votre véhicule de location en en optimisant le coût *via* une recherche sur Internet.
- Planifiez tous vos rendez-vous avant de vous déplacer et validez-les en adressant un mail à tous vos contacts.

- Demandez à ces mêmes contacts de s'engager à ne pas vendre le bien avant votre venue.
- Confirmez toutes vos visites auprès de vos contacts la veille.
- Notez dans un petit carnet toutes les informations utiles : coordonnées de vos contacts, adresses de visite, les renseignements donnés par vos contacts. Si vos interlocuteurs voient que vous notez toutes les informations importantes, ils sont moins tentés de vous en donner de fausses.
- Préparez méticuleusement votre déplacement en utilisant Googlemaps et Googlestreetview.
- Prévoyez un GPS, de quoi boire et vous nourrir rapidement sur place.
- Pensez à recharger votre téléphone.
- Mémorisez toutes les caractéristiques du bien afin de prouver votre sérieux à vos interlocuteurs et de pouvoir réagir à bon escient lors de vos rendez-vous.

**À SAVOIR**

Le processus de préparation est identique si vous avez décidé de vous déplacer pour un investissement relatif à un bien d'habitation ou à un immeuble de rapport.

## 4. L'ÉLÉMENT INCONTOURNABLE AVANT TOUTE PRISE DE DÉCISION

Lors de la plupart de vos achats, vous êtes conditionné par des réflexes et respectez certains fondamentaux. Quand vous achetez une paire de chaussures, par exemple, vous essayez toujours les chaussures dans le magasin, vous marchez un moment avec et regardez la forme qu'elles donnent à vos pieds et à votre allure générale.

Si l'utilisation d'Internet rend obsolètes certains de ces rituels, ils sont malgré tout suffisamment ancrés en chacun de nous pour que nous les mobilisions à des moments clés. C'est le cas quand il s'agit de choisir un bien immobilier (dont le montant est tout de même bien plus élevé que celui d'une paire de chaussures) : il serait déraisonnable de se précipiter et de négliger le point fondamental qu'est l'emplacement.

Nous l'avons déjà dit : que vous décidiez d'acheter une maison, un appartement, un terrain, un local commercial ou un immeuble de rapport, l'élément incontournable avant de signer est **le triple E : emplacement, emplacement et emplacement**. Même si cela semble évident, il n'en reste pas moins qu'il s'agit d'une condition essentielle à la réussite d'un investissement. Il suffit d'observer la disparité des prix de l'immobilier dans une ville comme Paris pour s'en convaincre : un simple changement de rue peut conduire à un écart de prix très important.

**LE BON CONSEIL**

Dans un contexte où les prix de l'immobilier sont à la baisse, il est plus important encore de disposer de biens dans des emplacements recherchés : ils seront moins soumis à une décote et vous trouverez plus facilement un acquéreur au moment de leur revente. Et quand l'immobilier aura de nouveau le vent en poupe, ils dégageront une plus-value plus intéressante à la revente.

On peut toutefois se demander comment définir un « bon emplacement », plus précisément ce triple emplacement, c'est-à-dire les trois niveaux qui définissent la qualité d'un emplacement.

***Exemple d'un appartement destiné à la location***

**Premier niveau** : un bon emplacement va correspondre à une agglomération recherchée. Son dynamisme économique, son accès facile par les réseaux routiers ou ferroviaires et ses écoles renommées constitueront des éléments attractifs aux yeux des actifs.

Pour vous aider dans cette recherche, appuyez-vous sur les sites émergeants qui proposent une foule de données à croiser pour vous aider à faire le bon choix. Parmi ces sites, entre autres :

- lokimo.ai : sous forme de carte interactive, ce site vous donne énormément de données sur la localité envisagée (population, revenus, équipements scolaires,...) ;
- ouinvestir.net : cette plateforme vous donne une idée de la rentabilité possible sur la localité envisagée ;
- locservice.fr propose des simulateurs intéressants, notamment le tensiomètre locatif.

**Deuxième niveau** : un bon emplacement induit un quartier ou une rue agréable, calme, pratique, où l'on se sent en sécurité. La proximité des commerces, des transports, des écoles, des crèches et des infrastructures sportives ou culturelles en augmentera la pression immobilière.

**LE BON CONSEIL**

Le site www.kelquartier.com donne des informations précises et très intéressantes sur les villes et leurs quartiers.
Grâce à Googlemaps et Streetview, vous aurez également une idée plus précise de l'emplacement du bien convoité avant de vous déplacer pour le visiter.

**Troisième niveau** : un bon emplacement correspondra à un logement lumineux, avec une exposition Sud et bénéficiant d'une belle vue dégagée.

En fait, choisir un bon emplacement consiste à se mettre à la place de la personne qui va occuper le bien et à se demander si l'on aurait soi-même envie d'y vivre.

**ATTENTION**

Il est important de ne pas mettre d'affectif dans un investissement immobilier. Restez pragmatique et ne déviez pas de votre objectif, appuyez-vous uniquement sur des critères factuels.

***Exemple d'un local commercial***

**En premier niveau**, un bon emplacement se situera dans un bassin économique attractif, en croissance et dynamique. Vous étudierez, par exemple, les données démographiques et le taux de chômage de la région (à comparer aux moyennes nationales) pour forger votre opinion.

Pour vous aider dans cette démarche, vous pouvez avoir recours à lokimo.ai dont nous avons parlé précédemment, mais aussi et tout simplement au site de l'INSEE qui propose également beaucoup de données. Bien entendu, il faut croiser et trier toutes ces informations avec un esprit critique et ne retenir que les plus adaptées à votre projet.

**En deuxième niveau**, un bon emplacement sera localisé dans une zone de passage, pour optimiser la fréquentation de la clientèle potentielle. Il correspondra donc à une zone de chalandise bien établie. Rappelons que, pour les meilleures d'entre elles, on parle d'emplacement n° 1, et nous vous conseillons de ne choisir que ce type d'emplacement. Il faut toujours essayer de se mettre à la place de celui que l'on ne verra jamais (ni lors de la transaction immobilière, ni lors de la location du bien) : le consommateur. Rien de mieux que les endroits passants pour s'assurer une clientèle. La sortie d'un métro, l'arrêt d'un autobus constituent déjà un point positif. La présence d'un supermarché, d'une banque, d'une enseigne nationale très attractive de type FNAC, celles d'un service public comme La Poste et du cabinet d'une profession libérale sont d'autres points attractifs très intéressants, car ils génèrent automatiquement du trafic.

**LE BON CONSEIL**

Dans les villes de province à taille humaine, il est assez aisé, une fois sur place, de repérer les bonnes rues : elles se situent là où l'activité commerciale est la plus intense et là où la fréquentation des commerces est forte.

Soucieuses de rendre leur centre-ville attractif, de nombreuses municipalités réalisent des aménagements destinés à créer un environnement propice à la consommation. Renseignez-vous donc sur les projets en cours : création de zones piétonnes, construction d'équipements (sociaux, sportifs, culturels...), rénovation de bâtiments, arrivée d'enseignes nationales.

**Le troisième niveau** sera une belle vitrine, du côté ensoleillé de la rue, dont l'environnement proche est agréable et propice à la consommation.

**ATTENTION**

Veillez à ce que l'activité commerciale du local que vous convoitez réponde à un réel besoin de la zone de chalandise dans laquelle il se trouve. La trop grande proximité de deux boulangeries n'est pas un critère pertinent. En revanche, en ce qui concerne les restaurants, la donne est un peu différente : posséder un restaurant dans un environnement où il y en a déjà quelques-uns crée une saine émulation et une concurrence positive. Pour disposer de plus d'informations sur les types d'activités les plus demandés, et cela en tenant compte des évolutions sociétales telle que l'influence du e-commerce par exemple, nous vous invitons à consulter les rapports du PROCOS (fédération représentative du commerce spécialisé qui regroupe plus de 300 enseignes).

Quoi qu'il en soit, retenez qu'il est impératif, avant tout investissement, de se rendre sur place pour juger de l'environnement et pour se faire une idée exacte du potentiel du bien immobilier dans lequel vous souhaitez investir.

Voici maintenant deux histoires vécues au cours de nos nombreuses recherches.

## Histoire vraie n° 1

Nous avions repéré une annonce intéressante sur le site d'une agence immobilière. La photo montrait un restaurant dont une partie du nom était visible lorsqu'on agrandissait l'image. Disposant de ces éléments ainsi que du nom de la ville , nous sommes parvenus à retrouver les coordonnées complètes de l'établissement, que nous avons contacté grâce au numéro indiqué sur le site des *Pages Jaunes*.

Notre idée était de sonder le locataire sur son affaire et d'obtenir le nom et les coordonnées du propriétaire. Le locataire était manifestement très occupé (c'est toujours bon signe !) et, malgré un accueil un peu rugueux, nous avons finalement obtenu les coordonnées du propriétaire. À cette étape, nous venions de gagner les frais d'agence, soit… 15 000 € !

Nous avons ensuite vérifié les éléments de notre *check-list* habituelle :

- une rentabilité de 10,2 % nets de frais de notaire ;
- un bail classique 3-6-9 datant d'un an, qui plus est notarié ;

- un restaurant présentant un bénéfice correct et disposant de bonnes critiques ;
- une localisation intéressante dans une petite ville très agréable de la Drôme.

Les indicateurs étaient au vert : nous étions optimistes quant à l'issue de la visite, à 600 km de notre lieu d'habitation. D'ailleurs, était-il bien nécessaire de nous déplacer ?... Oui, bien sûr, toujours !

Nous avons donc organisé notre déplacement et pris rendez-vous dans ce restaurant un lundi à 11 h 30 (pour des raisons logistiques, nous n'avions pu éviter ce jour). Après quelques heures de TGV puis quelques kilomètres en voiture, nous sommes arrivés dans cette petite ville. La première impression que l'on a d'une ville est toujours importante (c'est un peu comme lorsqu'on fait passer un entretien d'embauche à un potentiel collaborateur : on sait très vite si l'on a envie de travailler ou pas avec lui). En l'occurrence, notre première impression fut mitigée : la ville avait bien du charme, mais elle semblait endormie, voire morte. Pourtant, nous avions consulté Googlestreetview, mais l'atmosphère ambiante ne passe pas sur Google !

Tout en nous rendant sur le lieu du rendez-vous, nous avons remarqué quelques boutiques fermées (définitivement, pas uniquement parce que c'était un lundi), ce qui corroborait notre sentiment. Une fois passé le quartier historique, nous avons pris la petite ruelle menant à notre fameux restaurant.

1re constatation : le quartier était parfaitement désert malgré le beau temps.

2e constatation : la terrasse devant le restaurant offrait une vue magnifique... sur les étais du mur d'une bâtisse avoisinante menaçant de s'effondrer.

3e constatation : située à l'emplacement d'un ancien couvent, la salle du restaurant souffrait cruellement d'un manque de lumière et, surtout, des traces d'humidité dues à l'ancienneté du bâtiment impliquaient une rénovation difficile, d'où de gros travaux à envisager et une rentabilité dégradée.

4e constatation : en faisant connaissance avec le locataire, nous avons vite compris que la situation financière de la société était finalement assez précaire.

Nous sommes sortis du restaurant, convaincus que le risque lié à cet investissement était trop important. En descendant la ruelle qui mène à la place de la ville, elle aussi déserte, nous avons débriefé et sommes tombés d'accord sur la nécessité absolue de toujours nous déplacer pour éviter toute erreur d'investissement.

**LE BON CONSEIL**

Ne pensez jamais qu'un déplacement est inutile. Même dans le cas où tout semble acquis, il permet de ne pas faire d'erreur. Mieux encore, en discutant avec des personnes sur place, il est toujours possible d'obtenir des renseignements utiles pour la suite (sur un projet immobilier local, par exemple).
Il y a toujours quelque chose de positif à tirer d'une « mauvaise » expérience, donc ne négligez rien et prenez des notes sur votre petit carnet (ou votre smartphone). Certaines informations vous seront utiles dans le futur. Faites apparaître l'inspecteur Columbo qui est en vous !

## Histoire vraie n° 2

12,8 % ! Vous avez bien lu : 12,8 % de rentabilité nette sur ce lot constitué de deux biens situés en plein centre-ville d'une sous-préfecture d'un département du Nord de la France.

En détail :
- 2 locaux commerciaux donnant chacun sur une rue différente ;
- les locaux venaient d'être rénovés ;
- l'un était loué en bail 3-6-9 classique, l'autre en bail précaire avec une forte probabilité de renouvellement ;
- ils se situaient en plein centre-ville ;
- l'investissement de 100 000 € n'avait pas été négocié.

Fidèles à notre méthode, nous avons trouvé le propriétaire en exploitant quelques indices sur les photos présentées sur le site de l'agence immobilière. Nous sommes ainsi parvenus à réduire le prix de manière très significative. Nous avons reçu les baux pour les analyser et tout semblait correct. S'agissant d'une zone piétonne, Googlestreetview ne présentait aucune des deux rues où se situaient les biens, mais comme il s'agissait d'un hypercentre, dit emplacement n° 1, les risques paraissaient faibles.

Nous avons tout de même préféré nous déplacer pour valider ces informations. Nous voici donc en route pour cette sympathique ville chargée d'histoire, notre boussole pointant vers le Nord-Est. Nous étions vraiment confiants car l'affaire ne présentait pas de problèmes apparents.

Quelques heures de route plus tard, nous entrions dans la ville. Première impression très positive : la ville avait du cachet, c'était de bon augure !

Nous nous sommes garés à proximité de l'hypercentre, avant de nous diriger vers les biens mis en vente. En chemin, nous avons emprunté une rue qui avait dû être très animée autrefois, mais dont une boutique sur deux était définitivement fermée au moment de notre visite. Nous éprouvions la (très) désagréable impression de parcourir une ville fantôme. Petite précision qui a son importance : nous étions un samedi et au printemps…

Nous avons poursuivi notre chemin pour parvenir au premier bien. La rue était bien située en hypercentre, mais la boutique en face était en liquidation et une autre boutique adjacente était fermée. Il y avait du passage, mais aussi beaucoup de boutiques en liquidation. Nous nous sommes rendus dans l'autre rue et avons immédiatement compris pourquoi le loyer du second bien était si bas : il s'agissait du seul commerce d'une rue sombre et peu engageante. La messe était dite : nous ne ferions pas affaire ici !

Que s'était-il passé pour que nous n'ayons rien détecté avant notre déplacement ?

Nous avons été victimes de photos bien cadrées, ne montrant pas les boutiques avoisinantes fermées qui auraient pu éveiller nos doutes quant à la viabilité financière des affaires proposées. Nous avons appris plus tard que la ville était en cours de désertification et que le centre-ville subissait une vive concurrence de la part du centre commercial situé en périphérie de la ville.

La rentabilité paye un risque, nous l'avons dit. En voici la preuve : une rentabilité élevée avec un risque très élevé car, une fois que le locataire du bien dans la ruelle sombre aurait donné son congé, il était évident que nous ne lui aurions pas trouvé de remplaçant.

Aussi, répétons-le : déplacez-vous pour juger par vous-même et rappelez-vous qu'un bien affichant un taux de rentabilité très élevé cache souvent un problème.

**LE BON CONSEIL**

Si vous avez réellement un doute sur la pertinence de votre investissement, passez une petite annonce sur leboncoin, puis comptabilisez le nombre d'appels reçus. L'idée est d'utiliser ce « baromètre » immobilier pour évaluer l'intensité de la demande client.

# 5. LES ASTUCES POUR TRANSFORMER UNE BONNE AFFAIRE EN PÉPITE

Vous avez trouvé un bien intéressant ? Allez plus loin en portant, lors de vos visites, des lunettes qui vous aident à détecter les pépites que les autres ne verront pas.

**À SAVOIR**

Il faut toujours penser à la revente au moment de l'achat.

Si vous voulez dégager une plus-value pour chaque opération, vous devez apporter à chacune une valeur ajoutée. Le secret est d'imaginer ce que pourrait être le bien en le transformant pour, ainsi, le valoriser.

Prenons quelques exemples :

- Une place de parking à la forme peu conventionnelle est en vente. Imaginez sa transformation en trois places de parking pour motos.
- Une maison avec combles non aménagés offre la possiblité d'étendre la surface habitable (si le coefficient d'occupation des sols le permet et si vous avez la possibilité de négocier).
- Une maison avec un grand jardin est en vente. Faites une offre pour l'ensemble avant de découper la parcelle de terrain pour disposer d'une maison avec jardin et d'un terrain à vendre. Attention à vérifier la faisabilité de cette opération auprès de la mairie.
- Un local commercial mal situé est en vente depuis plusieurs mois. Évaluez la possibilité auprès de la copropriété et de la mairie de le transformer en surface habitable. Vous aurez ainsi acheté une surface commerciale à un prix dérisoire que vous aurez su valoriser grâce à des travaux et quelques démarches administratives.
- Un studio de 35 $m^2$ ne trouve pas preneur, car son prix est trop élevé pour ce type de surface. Étudiez la possibilité de le transformer en T2, évaluez le coût associé et faites une offre *ad hoc*.
- Un appartement très bien situé mais à la limite de l'insalubrité ne trouve pas preneur. Faites chiffrer les travaux de réhabilitation et proposez une offre adaptée.
- Une bonne affaire immobilière est un bien qui nécessitera peut-être des travaux mais qui va répondre à une demande en accord avec son temps et son environnement. La pandémie de 2020 a modifié les envies des Français (rush sur les maisons avec jardin ou les appartements avec terrasses). Il est donc essentiel de surveiller les évolutions sociétales.

Bien d'autres possibilités existent, seule votre imagination constitue une limite.

**À SAVOIR**

- Préparez-vous à quelques péripéties techniques et administratives, elles font partie du jeu.
- Tenez-vous au courant des évolutions du quartier dans les années à venir.

# 6. LES TYPES DE BIENS À CONSERVER, CEUX À ÉVITER

La réponse à cette problématique vous a été donnée tout au long de ce chapitre. Retenons que :

- La rentabilité brute doit être de 10 % minimum pour pallier les imprévus et envisager un bien qui s'autofinance.
- Les critères sont propres à chacun. Quelle est votre tolérance au risque ?
- Il est essentiel de conserver son « bon sens paysan ». Un investissement immobilier doit répondre à une demande. Si ce n'est pas le cas, évitez d'aller plus loin.
- Les biens situés dans des zones en décroissance démographique et économique sont à éviter.
- Les biens récents sans travaux ne doivent pas être privilégiés, car leur prix est plus difficilement négociable.
- Les biens qui présentent un potentiel particulier dégageant une rentabilité importante doivent être conservés.
- Un bien loué par un locataire qui ne pose aucun problème particulier et dont le bail ne contient pas de clauses rédhibitoires doit retenir votre attention.
- Les biens présentant un mauvais DPE (Diagnostic et Performance énergétique) ne sont pas nécessairement à éviter, mais il faut penser aux travaux de rénovation et intégrer leur coût pour négocier le prix d'achat du bien..

**EN PRATIQUE**

Pour un local commercial, on privilégiera :

- un emplacement n° 1 en plein centre-ville ;
- un local occupé ;
- un bail 3-6-9 ;
- une activité de commerce de tradition qui s'inscrit dans la pérennité (boulangerie, brasserie, boucherie, traiteur...) ou une activité commerciale réglementée (pharmacie, banque, assurances...). L'idée sous-jacente à ce type d'acquisition est d'acheter un commerce où l'exploitant a investi dans l'aménagement de son local et dans son stock. Son fonds de commerce, alors valorisé, est un gage de pérennité et d'engagement dans l'activité ;
- la solvabilité et la bonne situation financière du locataire.

Pour un bien d'habitation, on privilégiera :

- un emplacement proche des commerces, transports et écoles ;
- un bien ayant un potentiel de valorisation (transformation d'un grand studio en T2, par exemple) ;
- un extérieur valorisant ;
- un environnement proche agréable et calme.

Chapitre 4

# FRANCHIR LE PAS POUR RÉALISER SON INVESTISSEMENT

Dans ce chapitre, nous allons abandonner la technique pour aborder un thème essentiel : celui du passage à l'action, c'est-à-dire le moment où il faut franchir le pas pour réaliser son investissement immobilier.

Il faut d'abord se placer dans de bonnes conditions. C'est un peu comme lorsqu'on apprend à nager : on peut étudier la technique dans des livres ou s'aider de brassards, mais il arrive un moment où il faut trouver le courage de sauter dans l'eau et se débrouiller pour rejoindre l'autre rive, confiant en soi.

Il en est de même pour l'investissement immobilier : nous pouvons vous donner quantité de conseils et astuces qui vous serviront de piliers et de fondamentaux, mais au final vous devrez construire seul votre expérience et votre projet.

# 1. LES COMPORTEMENTS À ÉVITER POUR PASSER À L'ACTION

Force est de constater que ce sont souvent les mêmes comportements «négatifs » qui surgissent au moment de passer à l'action ou qui justifient de ne pas passer à l'action. Nous allons donc passer en revue les 5 comportements les plus classiques que vous devrez éviter si voulez avoir une chance de passer un jour à l'action.

## Le manque de temps

« Je n'ai pas le temps… » est la réponse la plus courante lorsque l'on interroge une personne qui n'est pas encore passée à l'action pour investir.

Généralement, nous avons tendance à lui répondre qu'il s'agit d'un mensonge. Pour nous, le temps est créateur et, comme le disait Sénèque : « Le temps est ce que nous en faisons ». Nous avons tous des vies bien remplies et des emplois du temps chargés, mais il faut apprendre à gérer ses priorités. D'ailleurs, la période de confinement de 2 mois en 2020 et parfois de chômage technique vous a-t-elle permis de réaliser tout ce que vous n'aviez le temps de faire ?

Plutôt que de dire « je n'ai pas le temps ! », il est plus raisonnable de dire « ce n'est pas ma priorité ». Ainsi, il s'agit moins d'une excuse que d'un choix délibéré. Dans ce dernier cas, nous préférons faire prendre conscience à la personne des conséquences de son absence d'action sur son avenir. Pour le moment, vous n'avez pas le temps ou ce n'est pas votre priorité, mais demain qu'en sera-t-il ? Et surtout, essayez de vous projeter : que se passera-t-il si vous ne faites rien ?

Les perspectives macroéconomiques, comme nous l'avons vu au chapitre 1, ne sont pas très prometteuses, accélérées par la crise sanitaire de 2020. L'avenir de notre retraite n'est pas idyllique et certains d'entre nous seront peut-être même pénalisés bien avant d'arriver à l'âge de cette retraite.

**LE BON CONSEIL**

Vous pouvez bien prendre l'excuse du manque de temps pour ne pas passer à l'action, mais que vaudra cette excuse quand vous aurez à affronter une réalité peu réjouissante et que vous vous serez réveillé trop tard ?
Bannissez ce comportement consistant à dire que vous n'avez pas le temps de passer à l'action, donc d'investir dans un bien immobilier. Organisez-vous et disciplinez-vous pour consacrer quelques minutes par jour à ce sujet.
Vous verrez qu'avec un minimum d'organisation et de la volonté, vous vous surprendrez : vous arriverez à dégager du temps et à acquérir une hygiène financière, deux éléments qui vous permettront finalement de passer à l'action, donc de réaliser votre investissement immobilier.

## Le manque de confiance en soi, la peur de passer à l'action

De nombreuses personnes se contentent de penser qu'il suffit d'attendre puisque l'État providence subvient à tous nos besoins. « De toute façon, toutes les autres solutions proposées sont trop compliquées, ce n'est pas pour moi tout ça ». Là encore, il s'agit d'une excuse pour ne pas passer à l'action. Généralement, quand l'on n'a jamais investi, on se cache derrière de fausses informations ou plutôt des informations qui vont dans le sens du confort, à savoir l'immobilisme.

Il faut sortir de cette spirale et prendre conscience de la réalité. Si l'on s'y prend bien, on est tout à fait capable d'accomplir seul de grandes choses.

**EN PRATIQUE**

De nos jours, une voiture est montée en une journée environ, alors qu'il s'agit pourtant d'un objet technologique complexe qui regorge de systèmes électroniques. Cela veut dire que, si l'on apprend à décomposer les problèmes de manière pragmatique, à se renseigner correctement, à se former suffisamment en se laissant une chance d'apprendre à son rythme, on parvient toujours à affronter des problèmes que l'on ne connaissait ou ne maîtrisait jusqu'alors pas.

Il ne faut pas avoir peur de se tromper. Tout est question de gestion du risque. Si vous progressez de manière logique sans sauter aucune étape, vous n'aurez pas de trop grands sauts à faire et vous réduirez ainsi les conséquences d'un échec sur l'une des étapes.

Ne croyez pas que nous n'avons pas connu d'échecs ou de difficultés : c'est le lot de tous dès lors qu'on décide d'entreprendre ou d'investir. Et comme le disait Confucius : « *La plus grande gloire n'est pas de ne jamais tomber, mais de se relever à chaque chute.* »

**À SAVOIR**

Le philosophe Charles Pépin observe qu'outre-Atlantique l'échec est quasiment un brevet de compétence tant il forge l'expérience, alors qu'en France il rend suspect, ferme les portes et interdit souvent une seconde chance. Aux États-Unis, ne pas avoir connu d'échec suscite la suspicion, car « le succès n'apprend pas grand-chose ».

En France, quelqu'un qui a échoué est seulement considéré comme une personne qui a échoué, alors que dans de nombreux pays anglo-saxons et scandinaves, quelqu'un qui a échoué est d'abord une personne qui a de l'expérience car elle a tenté de réaliser quelque chose. Nous devons tous progresser vers cette philosophie de vie pour casser la spirale actuelle qui ne fait que mener à une peur viscérale de l'échec.

## Le pessimisme

« *Ça ne marchera jamais !* » Cette expression, très souvent utilisée par les personnes « négatives », a été rendue célèbre par une publicité de la marque Renault. Ne pas tomber dans le travers du pessimisme était l'idée développée dans cette publicité : les choix non conventionnels de la marque en termes de produits étaient mis en évidence au moyen de personnes négatives affirmant que ça ne marcherait jamais. Chacun de ces choix s'est en réalité avéré un succès commercial sur le moyen terme ou, en tout cas, un choix stratégique judicieux. Si la marque Renault était restée sous l'influence de ces personnes négatives et avait fait des choix plus conventionnels, elle n'aurait probablement pas connu tous ses succès futurs.

**LE BON CONSEIL**

Pour contrebalancer l'attitude négative d'une personne, il faut que celle-ci puisse exprimer cette attitude. S'il s'agit de vous, interrogez-vous et notez vos réflexions en utilisant l'approche suivante : « *D'accord, ça ne marchera pas, mais on ne peut pas en rester là, quelle est ma proposition ? J'ai sans doute une solution ?* »
Il faut vous approprier le problème afin d'être en phase avec les solutions qui vous seront proposées ou, mieux encore, que vous aurez dégagées vous-même.
Invitez-vous à vous projeter plus loin que le problème : Que vais-je faire ? Quel est le prix à payer si je ne fais rien ? Vais-je assumer les conséquences de mon inaction ?
Grâce à toutes ces questions, vous ferez jaillir les points de blocage qui vous donnent une attitude négative et pourrez les modifier.

Encore une fois, l'appropriation passe par la prise de conscience des conséquences futures d'un non-passage à l'action.

## La procrastination

Mais de quoi parle-t-on ? Que signifie ce nom barbare ? Il s'agit d'une tendance à remettre systématiquement au lendemain ce que l'on pourrait faire sur le champ.

Dans le cas qui nous occupe ici, il s'agit de remettre à plus tard les actions qui devraient nous inciter à réaliser un investissement immobilier, qu'il s'agisse d'améliorer notre retraite ou de bénéficier d'un complément de revenu nous menant progressivement à l'indépendance financière.

Très souvent, cette attitude résulte d'un manque de confiance en soi et de la peur de l'échec. On reste dans ce qu'on sait faire, dans ce que l'on maîtrise, on ne cherche pas à entreprendre des actions qui pourraient nous emmener sur des sentiers inconnus. Les personnes sujettes à la procrastination n'aiment généralement pas sortir de leur zone de confort, car elles préfèrent ne pas se sentir dévaluées en cas d'échec.

Là aussi, pliez-vous à l'exercice d'un bilan listant les avantages et inconvénients de ne rien faire et qui déclenchera votre prise de conscience.

**À SAVOIR**

Si vous prenez conscience que les conséquences de votre immobilisme seront bien plus importantes que les quelques risques à prendre pour passer à l'action, alors le pari est gagné : vous n'hésiterez plus à vous engager.

Si vous êtes sujet à la procrastination, sachez d'abord que vous n'êtes pas seul, cette attitude est assez répandue, ensuite qu'il existe des méthodes relativement simples pour s'en sortir :

- seul, avec un peu de courage. Internet regorge de méthodes sur le sujet, par exemple : fr.wikihow.com/arrêter-la-procrastination ;
- avec l'aide de coaches qui donnent astuces et exercices concrets permettant d'être mieux guidé.

## Le perfectionnisme

Cette fois, il s'agit de ne se lancer dans l'action et dans un projet qu'une fois l'ensemble des éléments réunis et en étant sûr de maîtriser l'intégralité du processus. Bien entendu, le perfectionnisme a des aspects positifs lorsqu'il est contrôlé : par exemple, le perfectionnisme d'un scientifique va l'amener à ne rien négliger, à se dépasser et à faire ainsi des découvertes majeures. De même, les sportifs qui s'entraînent jusqu'à la perfection vont décrocher des médailles ou remporter des compétitions, ou les compositeurs dont le perfectionnisme va révéler l'écriture d'une œuvre musicale magistrale.

Ce qui nous intéresse ici concerne plutôt les aspects négatifs qu'induit le perfectionnisme lorsqu'il n'est pas maîtrisé. Finalement, le perfectionnisme découle assez souvent de la procrastination : en effet, on entreprend rarement un projet tant qu'on ne maîtrise pas la manière de l'aborder. Dans ce cas, quitte à paraître un peu provocateurs, voici notre secret : « La solution partielle est la meilleure solution possible ! ». En effet, la perfection est une chimère ; aussi vaut-il mieux s'engager avec seulement 60 % à 80 % d'éléments positifs et maîtrisés, plutôt que ne jamais franchir le pas. En outre, il est préférable de passer à l'action, même si tout n'est pas parfait, pour mieux viser l'excellence ensuite. Aborder le projet ainsi permet de se lancer dans l'action, lui donne du sens et une motivation qui va devenir naturelle pour les perfectionnistes.

Répétons-le : il faut prendre conscience des conséquences induites par son inaction pour se forcer à avancer. Concernant les problématiques de la retraite, la solution la plus simple consiste à en discuter avec des sexagénaires qui vivent des situations financièrement précaires, et à constater les regrets qu'elles peuvent nourrir vis-à-vis de ce qu'elles auraient pu mettre en œuvre plus tôt pour se forger une vie meilleure. Et ne croyez pas qu'il s'agit de cas isolés, nombre de personnes à la retraite – et elles sont de plus en plus nombreuses – sont obligées de continuer à travailler pour subvenir à leurs besoins.

En prenant conscience de cet état de fait, vous pouvez vous autoriser à renoncer à votre comportement de perfectionniste et à passer à l'action.

**À SAVOIR**

Les 5 comportements majeurs à éviter qui bloquent le passage à l'action sont :

- le manque de temps ;
- le manque de confiance en soi, la peur de passer à l'action ;
- le pessimisme ;
- la procrastination ;
- le perfectionnisme.

# 2. GARDER UN BON ÉTAT D'ESPRIT DURANT TOUT LE PROCESSUS D'INVESTISSEMENT IMMOBILIER

Vous le savez maintenant : réaliser un investissement immobilier est un projet sérieux. On n'achète pas un bien immobilier comme on achète une paire de chaussures sur Internet. Il faut suivre un certain mode opératoire, que nous avons commencé à voir ensemble et que nous poursuivrons avec d'autres techniques. Mais avant, nous allons aborder l'état d'esprit que doit avoir l'investisseur immobilier grâce au socle qu'est la **pensée positive**. Si vous connaissez autour de vous des personnes ayant réussi de bons investissements immobiliers sans pour autant être nées avec une cuillère en argent dans la bouche, c'est qu'elles ont certainement suivi ce précepte.

Avant tout, il est impératif d'avoir confiance en soi. Et, pour avoir confiance en soi, il faut devenir et rester positif. À l'image de cette publicité bien connue de la Française des jeux, « 100 % des gagnants ont tenté leur chance », l'investissement immobilier s'appuie sur les mêmes ressorts. Cette lapalissade n'est pas neutre, elle signifie tout simplement que, pour gagner, il faut jouer. Autrement dit, pour investir, il faut passer à l'acte.

Vous vous dites que c'est une évidence mais, croyez-nous, vous l'apprendrez vite quand vous vous retrouverez face à un dilemme à l'issue de vos visites : vous êtes convaincu de l'intérêt et de la rentabilité du bien que vous avez sélectionné, mais votre subconscient vous rappelle tous les risques de l'opération, jusqu'à semer le doute dans votre esprit... Or, vous avez peu de temps et devez vous décider très vite. Alors, que faire ? Le secret réside dans la pensée positive, la clé de voûte du passage à l'acte.

Il existe deux catégories de personnes :

- **Les personnes négatives ou pessimistes**

  Vous vous retrouverez certainement dans cette rubrique si vous vous entendez souvent dire : « Je suis un loser ! Je suis un incompris ! Tout va mal ! De toute manière, ce n'est même pas la peine d'essayer ! Le sort s'acharne sur moi ! Ça ne marchera jamais ! »...

  Pire encore, vous vous surprenez à penser que les gens positifs sont de doux rêveurs, quelque peu inconscients face à la rudesse de la vie.

Nous avons une bonne nouvelle : vous pouvez devenir membre de la 2e catégorie !

- **Les personnes positives ou optimistes**
  Vous faites partie de ces gens qui pensent qu'en adoptant un comportement plus optimiste et une attitude positive dans la vie, vous réussirez.

**À SAVOIR**

Que se cache-t-il derrière l'expression « être positif » ?
C'est un état d'esprit qui vous permet de voir, quelles que soient les circonstances, le « verre à moitié plein » plutôt que « le verre à moitié vide ». C'est un mode de fonctionnement utile pour sortir de toutes les situations inextricables en vous appuyant sur tout ce qu'il vous est possible d'envisager pour trouver des solutions.

Pourquoi penser positivement ? Parce que la pensée négative détériore votre moral, vous donne une vision morose de la vie et réduit votre dynamisme. En clair, vous traînez les pieds en regardant le sol au lieu de sourire en regardant devant vous. Si vous ne pensez pas positivement, vous placez immanquablement votre cerveau dans une situation d'échec et vous n'êtes pas dans une disposition favorable pour réussir ce que vous entreprenez.

Plus facile à dire qu'à faire, direz-vous ! La vie réserve des moments difficiles, voire très difficiles, où il est quasiment impossible de rester positif. Pourtant, les pensées positives sont « débloquantes » et constituent le véritable moteur de la réussite.

**À SAVOIR**

Faut-il rappeler que, dans l'évolution de graves maladies telles que certains cancers, il a été démontré un lien entre la force du psychisme et l'évolution de la maladie : un bon moral freine souvent l'avancée de la maladie.
Gardons en tête cette célèbre phrase de Winston Churchill : « *Si tu traverses l'enfer, ne t'arrête pas.* »

Voici maintenant une méthode simple qui vous aidera à devenir positif en focalisant votre pensée sur des éléments fondamentaux.

## 3. FOCALISER SON ÉNERGIE SUR DES ÉLÉMENTS FONDAMENTAUX POUR CONFORTER SA DÉCISION

Comment devenir positif ? Comment chasser ces idées noires qui empoisonnent notre vie et nous empêchent d'avancer ? Nous allons vous livrer une méthode simple qui vous aidera à vous constituer un nouvel état d'esprit indispensable à tout investisseur immobilier ! Elle est synthétisée sous l'acronyme **TVER** (comme vous le savez, le thé vert est excellent pour la santé) et résumée dans l'encadré p. 156.

### Transformez-vous

Acceptez de faire des efforts pour vous mettre en condition de changer votre manière d'être. C'est un exercice à adopter quotidiennement. Pour y parvenir, nous vous suggérons de vous fixer des objectifs atteignables, car il ne peut y avoir d'attitude positive si l'échec est répétitif.

### Voyez le verre à moitié plein

Autrement dit, listez tous les aspects positifs d'une situation négative, comme nous l'avons vu dans « Garder un bon état d'esprit durant tout le processus d'investissement immobilier », p. 152. Par exemple, vous avez pris une journée de congé pour effectuer un déplacement dans le but de visiter des biens immobiliers. À l'issue de la journée, rien ne s'est fait : malgré l'intérêt que présentaient les biens sur les annonces, les visites sur place n'ont pas été concluantes. Vous avez donc perdu du temps et de l'argent.

Oui mais… non, car vous avez fait des visites et avez compris les raisons qui vous avaient poussé à les faire. Vous en avez donc retiré un retour d'expérience intéressant qui vous évitera de vous retrouver dans la même situation. Vous avez discuté avec des agents immobiliers, commerçants ou particuliers vendeurs, et ces échanges ont été riches d'enseignements. Vous avez pu développer votre capacité à analyser des biens immobiliers. Vous avez appris et continuerez d'apprendre.

## Estimez-vous

Travailler sur l'estime de soi s'avère toujours payant.

Apprenez à vous aimer, à avoir confiance en vous. Soyez confiant dans l'avenir, même s'il est incertain et même si votre projet du moment ne fonctionne pas comme vous le voulez. À long terme, vos efforts paieront et c'est le plus important. Ayez un mental de vainqueur et gardez toujours vos réussites en tête. Vivez chaque petit pas comme une grande victoire.

L'accumulation de moments de joie permet de mieux surmonter les périodes difficiles.

## Rapprochez-vous des personnes positives

Vous avez très certainement, dans votre entourage, des personnes enthousiastes et curieuses de tout. Observez-les et inspirez-vous de leur façon de prendre du recul face à certaines situations difficiles. Les personnes qui réussissent – entrepreneurs, investisseurs, sportifs… – ont tous un état d'esprit positif.

Comprenez que, si vous voulez agir positivement sur votre vie, il faut d'abord porter un regard positif sur celle-ci. Et n'oubliez pas de sourire : ne négligez jamais le capital sympathie que vous vaudra un sourire.

De fait, éloignez-vous des personnes négatives et évitez de leur accorder trop d'importance. Fuyez les râleurs, les grincheux autres taciturnes susceptibles de vous affecter !

**LE BON CONSEIL**

Nous avons présenté la pensée positive pour vous insuffler l'état d'esprit indispensable à tout investisseur immobilier. Vous rencontrerez des tracas lors de vos recherches immobilières, bien sûr, mais ce qui compte c'est la manière dont vous allez les traiter et les parades que vous allez engager pour éviter que ces tracas ne se transforment en catastrophe. Pour ce faire, restez positif en appliquant la méthode **TVER** :

- **T** comme « **T**ransformez-vous », acceptez de changer votre manière d'être et de faire des efforts.
- **V** comme « **V**oyez le verre à moitié plein ».
- **E** comme « **E**stimez-vous ».
- **R** comme « **R**approchez-vous des personnes positives ».

Être positif vous permet de vous sentir mieux pour prendre les bonnes décisions, celles nécessaires à la réussite de votre investissement immobilier.

Vous l'avez compris : un bon état d'esprit est une composante essentielle de la réussite. Vous devez faire l'effort de réaliser un travail sur vous-même afin de savoir comment vous vous situez par rapport aux comportements à éviter, mais également par rapport à la pensée positive.

Ne perdez jamais de vue que ce travail vous sera utile pour votre projet d'investissement, mais pas uniquement. Un bon état d'esprit d'investisseur et d'entrepreneur est un plus dans bon nombre de situations de la vie. Considérez le temps passé à réaliser ce travail comme un investissement pour l'avenir et qui portera immanquablement ses fruits.

**À SAVOIR**

Nous avons appliqué cette méthode que nous venons de vous proposer et elle nous a réussi. Ce n'est ni de la PNL (programmation neurolinguistique), ni de la CNV (communication nonviolente), ni de l''hypnose ericksonienne : elle découle simplement du bon sens. Cela étant, si vous souhaitez engager de profonds changements en vous, peut-être aurez-vous besoin de recourir à ces autres méthodes. Dans ce cas, nous ne saurions trop vous conseiller de vous adresser à des professionnels afin de bénéficier d'un bon suivi.

Chapitre 5

# COMMENT RÉUSSIR SA NÉGOCIATION AVEC TOUS SES INTERLOCUTEURS ?

Nous allons maintenant aborder une étape cruciale pour rentabiliser au mieux votre opération : la négociation. Rappelons que vous parviendrez à vous créer un complément de revenu d'autant plus élevé que vous aurez su négocier avec chacun des intermédiaires intervenant dans le processus d'achat :

- le vendeur ou l'agent immobilier ;
- le banquier ;
- l'assureur du prêt ;
- le notaire ;
- le locataire.

Pour réaliser une plus-value ou dégager une rente intéressante, il faut s'assurer de :

- bien vendre ou bien louer ;
- bien acheter !

Il est donc essentiel que vous maîtrisiez les mécanismes de la négociation afin d'optimiser votre projet : n'oubliez pas que l'on ne naît pas négociateur, on le devient !

## 1. ON NE NAÎT PAS NÉGOCIATEUR, ON LE DEVIENT !

Comme le sous-entend ce titre, vous réussirez vos négociations si vous êtes prêt à en acquérir les mécanismes et les techniques associées. Avant tout, une négociation ne peut se faire que si les parties prenantes sont d'accord pour négocier. En d'autres termes, cela signifie que les interlocuteurs se placent dans un registre constructif où des compromis seront faits de part et d'autre afin d'aboutir à un accord.

Restez toujours dans ce registre et écartez tout refus de négocier. En effet, si vous persistez à ne voir que votre objectif sans tenir compte de celui de votre interlocuteur, vous vous dirigerez tous les deux vers une impasse, et ce sera l'échec pour les deux parties.

Voici maintenant un concept simple, que l'on utilise souvent dès qu'il faut théoriser la négociation : **le triangle de la négociation**. Pour avancer, les négociateurs vont devoir communiquer. On constate, dans le schéma qui suit, que la négociation passe par trois éléments qui forment ce triangle de la négociation :

- vous (A) ;
- votre interlocuteur (B) ;
- l'accord auquel il faut parvenir (C).

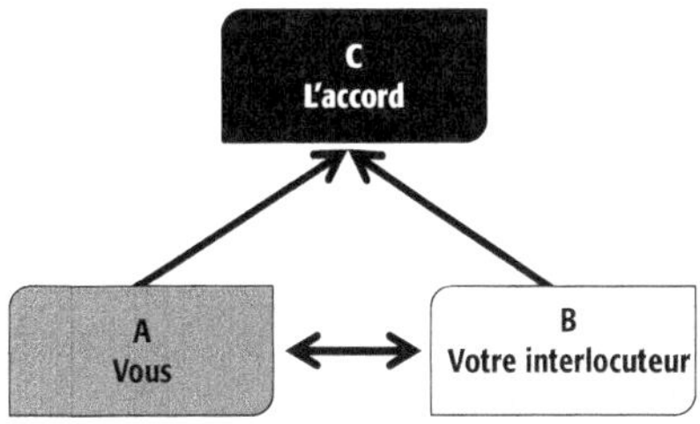


Ce que traduisent les flèches :

- le lien entre A et B précise la relation qui passe entre les deux parties, vous et votre interlocuteur ;
- le lien entre A et C concrétise vos propositions ;
- le lien entre B et C représente les propositions de votre interlocuteur.

Pendant la discussion, A et B se déplacent dans la zone en gardant l'accord comme point de mire.

Ce concept permet de souligner la différence entre le contenu – l'objectif de la négociation (l'accord) – et la forme – les problèmes relationnels (la manière de parvenir à l'accord). Le seul chemin menant à un accord consiste à traiter au fur et à mesure (et parfois avec beaucoup de patience) les points posant problème en faisant des propositions pour les résoudre.

Ainsi, pour devenir un bon négociateur, vous devrez d'abord maîtriser ce concept, puis les quatre piliers de la négociation que nous vous présentons maintenant.

## 2. LES 4 PILIERS D'UNE NÉGOCIATION RÉUSSIE

Avant de vous confronter à vos interlocuteurs pour négocier, **quatre piliers** nécessitent d'être maîtrisés pour que l'accord trouvé satisfasse les deux parties : la **préparation**, la **fixation d'un objectif**, l'**aptitude à se mettre à la place de son interlocuteur**, le **sourire**.

## Préparez-vous

Même si l'on a parfois l'impression que la négociation participe de l'improvisation, il n'en est rien : la négociation nécessite une sérieuse préparation.

Il faut d'abord imaginer différents scénarios, trois en général, plus un scénario de sortie supplémentaire en cas d'échec de la négociation.

**LE BON CONSEIL**

N'entamez jamais une négociation sans avoir prévu une alternative en cas de blocage. Ne pas avoir préparé sérieusement ce point démontre que vous sous-estimez vos interlocuteurs, ce qui risque de vous conduire à une situation délicate.

Préparer une négociation, c'est aussi réunir des chiffres, des éléments factuels, des arguments, des objections et… des contre-objections.

En fait, un bon négociateur est une personne qui a su anticiper le déroulement et les différentes issues de la négociation. Celle-ci n'est jamais une partie de plaisir, mais elle peut le devenir si l'on connaît bien son sujet et que son interlocuteur veut lui aussi réaliser une bonne négociation.

À l'image d'un humoriste de talent qui sait provoquer naturellement les fous rires, le négociateur de talent parviendra à son objectif avec habileté. Dans les deux cas, la réussite implique un travail important réalisé en amont où chaque mot est pesé et chaque réplique ciselée. En pratique, il n'y a plus qu'à dérouler le sketch… avec parfois une petite part d'improvisation.

## Fixez-vous un objectif

**EN PRATIQUE**

Illustrons ce conseil au travers d'un achat immobilier, celui d'une maison en très bon état proposée à la vente à 300 000 €. Ses vendeurs, en instance de divorce, sont pressés.
On va préparer 3 objectifs, classés par ordre de préférence et assortis de contreparties, puis un scénario de sortie.

**Objectif haut : il correspond à un objectif réaliste mais ambitieux, avec une contrepartie importante.**
On se fixe comme objectif une offre à 250 000 € payée cash (sans emprunt) et sans conditions suspensives auprès des vendeurs. Cette offre s'appuie sur le fait qu'un bien cache toujours des défauts, même s'il semble en bon état. Notez tous les problèmes et points faibles concernant les travaux, les équipements et l'environnement. À vous de les mettre en avant par la suite.

**Objectif moyen : il correspond à un objectif courant.**
On propose un prix d'achat à 270 000 € avec des garanties apportées sur le plan du financement. Quelques remarques seront faites sur l'état du bien, ses équipements et son environnement pour justifier cette proposition.

**Objectif bas : il correspond à une proposition restant acceptable.**
On propose 295 000 € comprenant la cession des meubles de la cuisine et de la salle de bains, avec des conditions suspensives et une vente finalisée à une date fixée par l'acquéreur.

**Scénario de sortie**
Dans ce cas précis, le scénario consiste à refuser d'acheter au prix demandé. Vous vous fixez donc un prix plancher dans le cas d'une vente et un prix plafond dans le cas d'un achat. Précisons que ce scénario de sortie ne s'entend que sur un marché immobilier ouvert, c'est-à-dire où l'offre est plus forte que la demande.

La négociation est seulement un moyen de parvenir à un objectif, une tactique pour concrétiser une stratégie. Elle n'est pas une fin en soi : pas d'objectif, pas besoin de négocier.

Ne pas se fixer d'objectifs est le meilleur moyen de ne pas les atteindre. Il est donc fondamental de définir d'abord une stratégie pour déterminer ensuite la meilleure tactique pour y aboutir.

Pour autant, il est important de se fixer des objectifs réalistes. En cela la phase de préparation doit vous aider.

## Mettez-vous à la place de votre interlocuteur

Se projeter dans le cadre de référence de votre interlocuteur est indispensable. Vous devez donc le laisser parler pour comprendre :

- son mode de fonctionnement ;
- ses attentes majeures et mineures, autrement dit celles sur lesquelles vous pourrez négocier ;
- ses motivations : sur un bien immobilier, s'agit-il d'une mutation, d'une succession, d'un divorce, d'une revente spéculative ?

Grâce aux informations obtenues et en fonction de la sensibilité de votre interlocuteur, vous pourrez ajuster vos arguments et faire ainsi preuve d'une intelligence de situation.

## Souriez

Avez-vous envie d'être agréable avec quelqu'un dont l'attitude est manifestement hostile ? Non, pas vraiment ! Toutefois, surtout si l'enjeu est important, jouez le bon rôle, soyez agréable et sympathique ; ce qui ne vous dispense pas de faire preuve de fermeté si le besoin s'en fait sentir.

Offrez à votre interlocuteur :

- une poignée de main ferme et décidée ;
- un sourire sympathique ;
- un regard confiant et direct.

Ces éléments constituent l'huile nécessaire au bon fonctionnement des rouages de la négociation pour éviter qu'ils ne se grippent et vous mènent à l'échec.

## La mise en pratique

L'important désormais est de pratiquer. En effet, vous ne progresserez dans l'art de la négociation, à l'instar de toute discipline, qu'en pratiquant le plus souvent possible. Un bon négociateur expérimente, tel un maître des arts martiaux, de nouveaux coups, de nouvelles esquives et de nouvelles techniques… et les met en pratique dès qu'une occasion se présente.

Une bonne manière de s'entraîner consiste à pratiquer les échecs. Ce jeu permet de progresser dans la manière d'appréhender la négociation puisqu'il repose sur une succession d'attaques, de contre-attaques, de défenses et d'intimidations. Il développe l'aptitude à réfléchir, à prendre des précautions (donc à éviter les terrains minés ou, tout au moins, à s'y aventurer en toute connaissance de cause), à anticiper, à attaquer, à rester calme en toutes circonstances et à appréhender la notion de concession.

Avant de jouer une pièce de son jeu, le joueur d'échecs expérimenté évalue les menaces auxquelles il devra faire face. Sa réponse se construira sur la base de ce qui pourrait se produire. Il quantifie ce qu'il peut perdre au regard de ce qu'il peut gagner. Un joueur habile imagine les tactiques et stratégies de son adversaire et essaie d'avoir au moins trois coups d'avance : la réponse de son adversaire, un deuxième coup, et ce que pourrait être la réponse de son adversaire à ce deuxième coup.

On retrouve cette gymnastique intellectuelle dans la négociation, car il arrive qu'on ait à répondre aux arguments de l'autre partie. Faut-il alors choisir une contre-argumentation ou une attaque ? Quelle que soit la réponse, elle doit être réfléchie et cohérente par rapport à ce qui s'est dit au début de la négociation.

D'autre part, souvenez-vous que vous ne devez jamais accepter de faire une concession sans obtenir une contrepartie : il y va de votre crédibilité et de votre légitimité de négociateur. Aux échecs, une pièce n'est jamais sacrifiée sans une contrepartie équivalente, voire supérieure.

Sur la forme, avez-vous remarqué le calme des joueurs d'échecs lorsqu'ils sont en pleine action ? La situation est analysée sereinement avant que ne soit joué le coup correspondant au meilleur compromis bénéfices/perturbations de l'adversaire.

Si vous êtes un habile et redoutable joueur d'échecs, vous serez un habile et redoutable négociateur.

# 3. TECHNIQUES ET ASTUCES À MAÎTRISER AVANT TOUTE NÉGOCIATION

Maintenant que vous connaissez les principales clés pour devenir un bon négociateur, nous allons vous donner quelques outils simples à connaître car vos interlocuteurs les pratiquent probablement, surtout si ce sont des professionnels.

Comme nous l'avons vu, il est essentiel de conserver la maîtrise de la discussion afin de parvenir à votre objectif. Vous ne devez pas systématiquement laisser l'initiative à votre interlocuteur. Vous devez prendre votre place dans la négociation. Pour ce faire, vous devez apprendre à poser des questions afin d'en savoir plus sur votre interlocuteur et sur ses intentions. Les 6 techniques pour y parvenir sont énoncées ci-dessous.

## 6 techniques pour communiquer avec son interlocuteur

### Technique 1 : faire parler son interlocuteur

Pour débuter la discussion, posez à votre interlocuteur une question ouverte, générale, pour l'inciter à livrer ses sentiments sur le bien, sa situation, son environnement, son prix, ses éventuels problèmes. Par exemple pour un bien commercial, demandez : « Comment se portent les affaires ? » Cette question est importante, car elle va vous permettre d'engager la discussion et vous fournir la matière première de votre négociation.

### Technique 2 : obtenir une réponse précise

C'est très simple, il vous suffit de poser une question directe et précise. On peut utiliser les « classiques » : qui, quand, quoi, où, comment, combien, pourquoi. Par exemple, demandez à combien s'élève le loyer annuel.

Ce type de question limite les possibilités de fuite de votre interlocuteur. S'il montre la moindre gêne ou qu'il répond de manière évasive, n'hésitez pas à lui dire que vous ne comprenez pas la réponse ou que celle-ci est insuffisamment précise. S'il n'a pas la réponse, demandez-lui qui est en mesure de vous la donner.

### Technique 3 : démasquer la mauvaise foi, la tromperie et la manipulation

L'achat d'un bien immobilier est un enjeu important pour l'acheteur, mais aussi pour le vendeur. Ce dernier peut être tenté de masquer certains problèmes afin que la vente se concrétise à tout prix. Aussi, au moindre doute, pour détecter ces éventuels mensonges, posez à votre interlocuteur une question piège, qui doit toujours commencer par « pourquoi » ou « pourquoi ne pas ».

Si votre interlocuteur est de mauvaise foi, cette question l'oblige à se découvrir : il commettra certainement, à un moment donné, une erreur ou avancera une incohérence. À cette étape, n'hésitez pas à jouer le naïf pour le forcer à expliciter et détailler ses réponses avec des éléments concrets et factuels qui appuient ses dires. Véritable filet à mailles fines, cette technique augmente vos chances de démasquer les menteurs.

Par exemple, s'il s'agit de l'achat de murs commerciaux, demandez au vendeur pourquoi le locataire du fonds de commerce n'en fait pas l'acquisition. Pour l'achat d'un appartement, étonnez-vous que le locataire ne soit pas sur les rangs s'il s'y plaît (le locataire peut toutefois avoir de bonnes raisons comme ne pas avoir les moyens ou vouloir rester locataire, ce qui peut être très intéressant pour vous s'il s'agit d'un bon locataire).

**LE BON CONSEIL**

Si vous détectez chez votre interlocuteur un comportement « manipulateur », veillez à exprimer votre autorité. S'il vous juge ou vous critique, ripostez immédiatement par le même type d'arguments. C'est important, car votre « agresseur » comprend ainsi qu'il peut lui aussi être débouté.

### Technique 4 : éviter tout malentendu

Encore une fois, les enjeux liés à un achat immobilier sont importants. Il est fondamental que vous et votre interlocuteur soyez sur la même longueur d'onde. Pour vous en assurer, reformulez les arguments de votre interlocuteur avec vos propres mots et à votre manière. Par exemple, dites : « *Donc, si je comprends bien, le propriétaire souhaite vendre car il a un autre projet d'investissement dans une autre région et que, pour le concrétiser, il a besoin de cash. C'est bien ça ?* »

### Technique 5 : détourner l'attention d'un point délicat

Votre interlocuteur fait observer un détail délicat ou gênant. Afin que la négociation ne se focalise pas sur ce point – ce qui fragiliserait votre position –, vous devez faire preuve d'aplomb. Pour ce faire, vous pouvez soit maintenir une posture de façade, soit renvoyer la question à plus tard, soit, tout simplement, faire l'impasse si votre interlocuteur vous a posé deux questions. Cette technique classique est utilisée par bon nombre d'hommes politiques.

Par exemple, lors de l'achat d'un bien immobilier, le vendeur ou l'intermédiaire va chercher à savoir si vous allez payer comptant ou si votre financement nécessite un prêt. Il est évident que, si vous êtes dans le second cas (et nous verrons au chapitre 7 qu'il vaut mieux emprunter que payer cash dans le cadre d'un investissement locatif), vous avez tout intérêt à démontrer que vous n'avez absolument aucun doute quant au fait que votre financement sera accordé et que, si vous empruntez, c'est uniquement pour des raisons fiscales. Votre argument prouve que vous avez du recul sur la façon d'aborder ce type de situation.

### Technique 6 : surprendre et troubler son interlocuteur

Il suffit ici de faire basculer l'argument à votre avantage.

Par exemple, dans le cadre de l'achat de murs commerciaux, le vendeur vous précise que le locataire y est présent depuis 8 ans sous un bail 3-6-9 classique, ce qui lui permet d'insister sur la fidélité et la stabilité du locataire. C'est vrai. Toutefois, présentez-lui les choses différemment en lui rétorquant qu'il ne reste plus qu'un an avant la fin du bail et qu'il n'est pas garanti que ce locataire reste.

Comme nous venons de le voir, la négociation ne répond pas à un processus menant directement à la réussite. Ce serait trop simple ! Un peu comme au jeu d'échecs, il n'existe aucune recette infaillible pour gagner à tous les coups. Vous avez déjà les 4 piliers et les § techniques nécessaires à une bonne négociation, voyons maintenant 12 astuces pour vous aider à mieux affronter encore votre interlocuteur.

## 12 astuces pour parfaire sa négociation

### Astuce 1 : avoir la bonne attitude pendant une négociation

Ne rentrez jamais dans une négociation débordant d'enthousiasme. Restez juste sympathique et conservez le sourire. Il est important de ne pas être taciturne non plus. Il faut un bon dosage entre les deux.

### Astuce 2 : réagir à l'annonce d'un prix

L'annonce d'un prix ou d'une proposition doit toujours susciter une réaction de rejet de votre part. Vous devez être « sous le choc ». Votre interlocuteur doit alors trouver une solution ou, s'il n'en trouve pas, aidez-le !

### Astuce 3 : ne pas se précipiter

Prenez le temps de réfléchir durant vos échanges et laissez toujours parler votre interlocuteur en premier. Il vous sera alors bien plus facile de vous appuyer sur ses arguments pour les contrer. Il ne sert à rien d'abattre toutes vos cartes dès le début de la partie, utilisez-les au moment opportun, leur effet n'en sera qu'amplifié.

### Astuce 4 : être imaginatif

Soyez créatif, voire même déroutant, en faisant une contre-proposition. Plutôt que de répondre oui ou non, proposez quelque chose que votre interlocuteur ne pourra jamais anticiper. Attention toutefois à toujours rester crédible pour ne pas sortir de la négociation.

### Astuce 5 : tenter

Un classique de la négociation : n'ayez peur de rien et tentez même l'impossible. Tout ce que vous risquez, finalement, c'est d'obtenir l'impossible ou de vous en approcher.

**EN PRATIQUE**

Vous souhaitez offrir avec un cadeau souvenir à trois de vos proches. Vous commencez par demander au vendeur le prix d'un seul objet et lui faites observer que vous trouvez ce prix exorbitant. Vous proposez alors un prix 20 % moins cher. Il refuse. Vous lui posez alors la question « *Et si je vous en prends 3 ?* ». Le vendeur n'ayant pas préparé sa réponse et voyant qu'il pourra faire un peu de volume, il y a de fortes chances qu'il accepte le rabais.

### Astuce 6 : ne pas oublier que l'union fait la force

Essayez d'être accompagné d'un ami lors de la négociation. L'un de vous montre qu'il n'est pas vraiment convaincu par le bien proposé. Le vendeur est alors plus disposé à faire un effort s'il sent que celui-ci peut déclencher plus rapidement l'acte d'achat.

### Astuce 7 : être malin

Soyez intelligent : faites l'idiot ! L'objectif est de faire baisser la garde à votre interlocuteur pour qu'il en dévoile plus que prévu et soit obligé d'expliquer en détail ce que vous n'avez (soi-disant) pas compris. À partir de cet instant, il risque d'être un peu trop bavard et commettre des erreurs.

Il peut aussi arriver qu'il ait tellement pitié de vous qu'il soit plus enclin à faire des concessions.

### Astuce 8 : être ouvert et s'adapter

Pour qu'un accord soit gagnant-gagnant, il faut avoir négocié, donc avoir fait des concessions en utilisant la tactique du donnant-donnant.

L'idéal est d'obtenir des contreparties sans concession ou, du moins, en échange de pseudo-concessions. Pour parvenir à ce résultat, adoptez des positions ouvertes et sachez les adapter aux propositions de votre interlocuteur.

### Astuce 9 : comprendre son interlocuteur

Chacun a des défauts et des qualités, dont la gentillesse. N'oubliez pas que certaines concessions seront plus facilement obtenues de la part des gentils. À vous de comprendre leur sensibilité pour adapter votre proposition. On retrouve ici l'un des 4 piliers de la négociation : « se mettre à la place de son interlocuteur ». Il faut savoir faire preuve d'empathie.

### Astuce 10 : rester vigilant

Soyez toujours sur le qui-vive pour éviter de vous laisser enfermer dans une impasse.

### Astuce 11 : rester ferme sur sa position de sortie

Vous avez préparé votre négociation et, notamment, votre scénario de sortie. Soyez maintenant prêt à stopper les discussions et n'hésitez pas à le faire savoir. Vous inversez ainsi la pression en la mettant sur votre interlocuteur.

Attention cependant à n'utiliser cette attitude qu'en dernier recours et avec parcimonie, car il s'avère parfois difficile de relancer la négociation par la suite.

### Astuce 12 : être prêt pour le final

Appliquez la règle du 80/20 ou « principe de Pareto ». 80 % des concessions se font durant les 20 % du temps de négociation restant. Il est vrai que la plupart des négociations commerciales destinées à finaliser un contrat se concluent juste avant une échéance calendaire : une fin de mois, un vendredi soir... Les demandes les plus importantes doivent donc être formulées durant cette phase finale.

## 4. CONNAÎTRE SES INTERLOCUTEURS

Voyons maintenant quels seront vos futurs camarades de jeu et les arguments à utiliser avec chacun lors de la négociation. Ne négligez aucune étape. Il s'agit une fois encore du pilier : « se mettre à la place de son interlocuteur ». Au-delà de la personnalité qui est propre à chacun, ils ont des fonctions qui leur imposent certains comportements.

## Le vendeur en direct

Acheter en direct à un particulier participe du « quitte ou double ». En effet, vous risquez de vous retrouver face à un « gentil » qui n'est pas un aussi habile négociateur que vous, ou devant un « méchant » rompu aux négociations commerciales.

Vous pouvez également vous retrouver face à une personne bloquée sur le prix de vente, qui refuse d'entrer dans le concept du triangle de la négociation. Comme il n'a pas d'intermédiaire immobilier pour le conseiller, il est difficile sur l'instant de le raisonner.

Le problème avec le vendeur en direct est qu'il fonctionne plus à l'affectif qu'à la raison. Le propriétaire a souvent une idée bien plus élevée de la valeur de son bien que la réalité du marché ne le montre.
Voici les arguments à faire valoir à ce type d'interlocuteur :

- Jouez sur l'affectif si vous sentez qu'il est particulièrement attaché à son bien. Montrez-lui que vous trouvez que certains des points qu'il vous a présentés sont très positifs.
- Listez-lui les éléments nécessitant des travaux et les points faibles du bien : emplacement, manque de lumière…
- S'il s'agit d'un bien commercial, faites-lui remarquer les éventuelles faiblesses du bilan du locataire ou exprimez des doutes sur la pertinence de l'activité.
- Rassurez-le sur l'obtention de votre prêt en démontrant votre sérieux quant à votre capacité de financement. Pour cela, rien ne vaut la présentation de la simulation de prêt remise par votre banquier.
- Faites une proposition rapide si vous sentez qu'il est pressé de vendre pour une raison personnelle (mutation, divorce, succession…).
- Appuyez-vous sur les estimateurs de cotes immobilières. Par exemple, lorsque vous achetez une voiture, vous avez sûrement le réflexe de consulter l'*Argus de l'automobile*. Ce journal qui donne la cote des véhicules n'est pas plus officiel qu'un autre, mais il a la caractéristique de proposer des tarifs généralement plus bas que les autres cotes : l'acheteur en fait donc sa référence. Il en va de même pour les biens immobiliers !
  Voici quelques sites vous permettant d'estimer un bien :
  - www.meilleursagents.com/ ;
  - www.drimki.fr/ ;
  - www.lacoteimmo.com/ ;
  - Patrim sur ww.service-public.com.

**LE BON CONSEIL**

Afin de déterminer si le vendeur est réellement prêt à vendre, il est essentiel de découvrir la véritable histoire derrière le bien immobilier qui vous intéresse. Cela vous permettra de connaître votre marge de manœuvre. Au cours de la conversation, essayez d'obtenir les réponses aux 6 questions suivantes :
- Depuis combien de temps est-il propriétaire ?
- Est-il urgent pour le vendeur de vendre ?
- Pourquoi maintenant ?
- Combien y a-t-il de vendeurs ? (dans le cadre d'une succession)
- Combien d'offres ont été faites et à quel prix ?

## L'agent immobilier

Tout en tenant compte des éléments précédents, voici quelques arguments supplémentaires propres à l'agent immobilier :

- Cherchez à savoir si le bien est en vente depuis longtemps. Vous obtiendrez cette information plus facilement d'un agent immobilier que d'un propriétaire.
- Prouvez-lui votre motivation en restant ferme sur votre offre. Intéressé à la vente, un agent immobilier va tout essayer pour convaincre son vendeur que l'offre que vous avez faite est intéressante.
- Si votre agent immobilier assure aussi la gestion locative des biens, faites-lui miroiter que vous lui confierez la location de votre bien.

**LE BON CONSEIL**

Passer par un agent immobilier n'est pas nécessairement synonyme de surcoût. En effet, il est fort probable que sa commission sera absorbée par la capacité de ce professionnel de l'immobilier à convaincre son vendeur d'accepter une offre plus basse que prévu.

## Le banquier

Tout est négociable et les conditions d'octroi de votre prêt constituent une part non négligeable de votre potentielle plus-value.

**LE BON CONSEIL**

N'oubliez pas que le banquier est avant tout un commerçant et que l'essentiel est pour vous d'obtenir un prêt. Vous devez donc être prêt à faire des contreparties en échange de conditions de prêt intéressantes. Évitez donc le réflexe d'aller négocier uniquement un taux d'emprunt, il faut regarder le dossier dans son ensemble.

Ne perdez pas de vue que le plus important est de comparer, non les taux, mais les coûts globaux du crédit envisagé. Un crédit est constitué :

- des intérêts ;
- des frais de dossier ;
- des frais de garantie. Il s'agit en général d'une caution bancaire souscrite auprès d'une autre société telle que le Crédit Logement. Le montant de ces frais se compose de frais de dossier et d'une somme qui vous sera partiellement remboursée à l'échéance du prêt (dans le cas de Crédit Logement). Nous développerons ce point au chapitre 7 ;
- des conditions générales et particulières du prêt parmi lesquelles :
  - les coûts de remboursement anticipé ;
  - les modulations de remboursement au cours de l'année ;
  - la possibilité d'avoir créé, non une seule ligne de crédit, mais deux lignes avec des taux différents.

**EN PRATIQUE**

Par exemple, vous devez emprunter 100 000 € sur 20 ans.
Plutôt que d'emprunter avec une ligne de crédit à 2 %, il est plus avantageux d'avoir un prêt de 50 000 € sur 12 ans avec un taux de 3,5 % et un autre de 50 000 € sur 12 ans avec un taux à 1,5 %, les deux emprunts ayant une mensualité fixe.

Enfin, suivez bien les préconisations du chapitre 7 consacré au financement, notamment celles qui précisent comment acquérir la confiance d'un banquier.

## L'assureur du prêt immobilier

Depuis 2010, la loi Lagarde offre à l'emprunteur de rechercher l'assurance de crédit disposant des meilleures garanties au taux le plus juste avant de contracter son emprunt. La banque auprès de laquelle vous empruntez acceptera une assurance de crédit « extérieure » dès lors qu'elle présente un niveau de garantie équivalent au contrat d'assurance qu'elle peut proposer elle-même.

Si vous vous adressez à votre assureur habituel (habitation ou véhicule) pour obtenir une assurance de crédit pour votre prêt immobilier, vous avez tout intérêt à mettre en avant votre fidélité pour solliciter un taux d'assurance intéressant, sachant que les taux des assureurs sont en général plus compétitifs que ceux pratiqués par les banques.

## Le notaire

Les frais de notaire, c'est bien connu, ne sont pas négociables… Et puis un notaire, c'est un notable, pas un marchand de tapis ! C'est en partie vrai. Par déontologie, le coût doit être le même pour tous pour un dossier identique. Les frais notariaux sont d'ailleurs soumis à un barème. Voilà pour la théorie. Cependant, vous l'avez compris, tout est négociable, y compris les frais de notaire ! Pour vous en convaincre, si vous êtes réticent à négocier, essayez ceci : demandez, pour votre achat, une estimation des coûts à différentes études notariales. Vous constaterez qu'ils sont différents !

Schématiquement, les frais de notaire représentent environ 7 % du prix d'un bien ancien et 2 à 3 % du prix d'un bien neuf. Avant d'aller plus loin, il est important de comprendre de quoi sont composés ces frais de notaire :
- impôts et taxes divers ;
- débours (frais payés au cadastre, au bureau des hypothèques, timbres, photocopies…) ;
- rémunération du notaire (une part fixe et une part proportionnelle).

Pour réduire les frais relatifs aux impôts et aux débours, il existe deux possibilités :

1. Si vous passez par l'intermédiaire d'un agent immobilier, il faut dissocier le prix du bien des frais d'agence, ces derniers étant réglés directement à l'agent immobilier. Vous ne payez ainsi des frais notariés que sur la valeur nette du bien.
2. Si le bien acheté inclut l'achat de meubles (cuisine, salle de bains, dressing), il est possible de déduire leur coût d'achat de la valeur du bien, ce qui diminue ainsi les frais notariés.

Voyons maintenant un 3e point, la rémunération (ou les émoluments) du notaire. S'il s'agit de la première affaire traitée avec ce notaire, il sera difficile de négocier. En revanche, si vous récidivez et devenez un apporteur d'affaires auprès de votre notaire, celui-ci ne devrait pas rester insensible à cet argument et fera alors un « geste » significatif, même si cela est plus difficile depuis la loi Macron de 2016.

## Le locataire

Voici enfin le dernier maillon de la chaîne de la négociation : le locataire. Il est évident qu'un locataire cherche à obtenir le loyer le moins élevé possible alors que votre intérêt est d'obtenir le contraire. C'est le point de départ de la négociation entre vous. N'oubliez cependant pas que votre intérêt, si votre locataire est bon payeur, est de le conserver le plus longtemps possible.

**EN PRATIQUE**

Voici quelques variables pour entamer votre négociation avec le locataire d'un bien commercial. Sur ce type de bien, la négociation avec le locataire potentiel, qui comporte beaucoup plus de variables que lors de la location d'un bien d'habitation, est déterminante pour la rentabilité de votre investissement :

- Essayez d'obtenir le prix du marché auprès d'autres commerces s'il s'agit de murs commerciaux.
- Veillez à ce que votre premier loyer annuel multiplié par 10 soit supérieur au coût d'acquisition additionné des frais de notaire.
- Soyez souple et imaginatif si votre locataire démarre son activité. Essayez d'envisager un loyer évolutif (cela est possible lors de la rédaction du bail).
- Faites en sorte que la taxe foncière soit à la charge de votre locataire.
- Soyez ouvert à la discussion pour certaines charges de copropriété (chaudière, ravalement...), qui sont en principe à la charge du locataire.
- Acceptez que le loyer soit trimestriel au lieu d'être mensuel.

Chapitre 6

# ÉVITER LES PIÈGES AVANT LA SIGNATURE DU COMPROMIS ET DE L'ACTE DE VENTE

Nous avons vu au chapitre 4 tout l'intérêt d'un état d'esprit positif et convaincu avant de passer à l'action, ce qui permet de prendre confiance en soi et de déployer un maximum d'énergie dans la négociation avec ses interlocuteurs.

Jusque-là, vous n'avez toujours aucun réel engagement. Vous avez bien négocié, en suivant nos conseils, et vous avez convenu d'une offre qui a été acceptée par l'autre partie. Toutefois, cette offre étant informelle, chacune des parties peut encore se retirer sans conséquences majeures.

**LE BON CONSEIL**

Vous avez trouvé le bien que vous cherchiez et êtes prêt à faire une offre au vendeur. Plusieurs possibilités s'offrent à vous. Choisissez la bonne et, surtout, prenez conscience de ce qu'elle implique :
- Vous souhaitez encore négocier et garder des traces écrites de cette action : dans ce cas, écrivez votre offre de négociation.
- Vous êtes prêt à faire une offre ferme, mais à un prix inférieur à celui indiqué : dans ce cas, faites votre offre d'achat à un prix inférieur au prix annoncé.
- Vous êtes prêt à faire une offre ferme au prix annoncé : dans ce cas, validez l'offre de vente. Dans ce dernier cas, vous vous engagez plus que dans les deux précédents : les deux parties étant d'accord, il en résulte la signature d'un compromis ou d'une promesse de vente.

# 1. L'ÉTAPE DU COMPROMIS DE VENTE

À présent, vous êtes prêt à entrer dans la cour des « grands », ceux qui, muni d'un état d'esprit positif, passent à l'action et vont jusqu'au bout de leur projet. Votre offre a été acceptée et vous vous apprêtez à signer un compromis de vente. Ce document officiel va fixer les différents détails du processus d'acquisition du bien, c'est-à-dire :
- son prix ;
- le type de financement auquel vous allez recourir ;
- la date prévisionnelle de signature de l'acte officiel.

**À SAVOIR**

Nous vous conseillons vivement de recourir à un notaire pour la signature du compromis de vente plutôt qu'à un agent immobilier : d'une part, parce que l'agent immobilier a des intérêts commerciaux dans la transaction, d'autre part, parce que cela vous fera gagner en temps de réflexion.
Sachez toutefois qu'obtenir un rendez-vous chez un notaire est toujours plus long qu'avec un agent immobilier.

À partir de cet instant, il vous faut être réactif (surtout pour obtenir votre prêt, comme nous le verrons au chapitre 7), et attentif au contenu du document que vous allez signer, car celui-ci vous engage aux yeux de la loi. Si le compromis de vente est un document moins symbolique que l'acte authentique que vous signerez à la fin de l'aventure, il n'en est pas moins important : c'est à partir de son contenu que sera rédigé l'acte authentique.

Pourquoi attirer autant votre attention sur ce document et lui consacrer un chapitre ?

Le compromis de vente est ce que l'on appelle un « avant-contrat », il concrétise la promesse faite par le vendeur de vendre son bien à l'acheteur, mais aussi la promesse faite par l'acheteur d'acheter le bien du vendeur. Sa signature permet de fixer leur accord sur le prix du bien vendu, sur les conditions générales et particulières auxquelles se fait la vente, sur les conditions suspensives, ainsi que sur la date butoir à laquelle l'acte de vente doit être signé.

Partant de ce constat, vous comprenez mieux pourquoi cette phase est importante et requiert toute votre attention. Afin de vous aider, nous allons vous donner quelques précieux conseils qui vous éviteront les écueils habituels et vous permettront de vivre cette étape comme une bonne expérience.

**LE BON CONSEIL**

Lorsque vous arrivez à cette étape de l'acquisition, les deux parties ont le choix entre deux solutions : soit la promesse unilatérale de vente, soit le compromis de vente.

**La promesse de vente** porte bien son nom : c'est le vendeur qui promet de vendre un bien à quelqu'un. L'acheteur est le bénéficiaire de cette promesse de vente.

**Le compromis de vente** est ce que l'on appelle un acte synallagmatique : le vendeur promet de vendre et l'acheteur promet d'acheter. Pour résumer, la vente est ici quasiment validée.

Les caractéristiques de la promesse de vente :

- La substitution est possible : elle est utile si vous souhaitiez acheter un bien et que, finalement, votre concubin souhaite l'acquérir avec vous, alors que ce n'était pas prévu au départ.
- Elle est assortie d'une indemnité d'immobilisation, généralement 10 % du prix du bien, dans le cas où l'acheteur se rétracte.
- En cas de rétractation de l'acheteur, le bien est immédiatement disponible à nouveau sur le marché de la vente.
- La durée est ferme (vis-à-vis de la date de l'acte authentique).
- Si le vendeur souhaite se rétracter, une procédure officielle assez complexe est mise en place par un notaire et des dédommagements parfois conséquents peuvent être versés à l'acheteur.

Les caractéristiques du compromis de vente :

- Il est assorti d'un dépôt de garantie, généralement 10 % du prix du bien, dans le cas du désistement de l'acheteur ; la même somme peut être demandée au vendeur s'il se rétracte.
- En cas de rétractation de l'une ou l'autre des parties, une procédure pénale est déclenchée. Le bien est bloqué et n'est donc plus disponible à la vente, ce qui peut être très pénalisant pour le vendeur.

La promesse de vente est l'acte le plus « souple » des deux. Dans le cas du compromis de vente, la vente étant quasiment cristallisée, il est impératif de rester vigilant quant au contenu de ce document. L'acte authentique est très souvent un « copier-coller » du compromis de vente.

## 2. LES 13 ÉLÉMENTS FONDAMENTAUX À RETROUVER DANS UN COMPROMIS DE VENTE

D'une manière générale, le compromis de vente doit stipuler :

1. Les états civils de l'acquéreur et du vendeur.
2. L'adresse du bien ainsi que les références cadastrales dans le cas d'une maison, d'un appartement, d'un immeuble, d'un local commercial ou d'un terrain.
3. L'origine de la propriété du bien (si le vendeur a reçu le bien en héritage ou par donation ou s'il a procédé lui-même à son acquisition), avec la date de l'acte de vente précédent, le nom du propriétaire précédent et le nom de l'étude notariale ayant authentifié l'acte.
4. La description du bien, de ses équipements et dépendances, sa destination et la superficie de la partie privative du lot vendu dès que celui-ci est situé dans un immeuble en copropriété.
5. Le prix et les conditions de son versement (en totalité ou non le jour de la vente).
6. Le mode de financement envisagé (nature de l'emprunt et date d'obtention limite pour une offre bancaire associée).
7. Le montant, la nature et le sort du dépôt de garantie versé par l'acquéreur.
8. La date limite de signature de l'acte authentique.
9. La date de prise de possession du bien.
10. Les servitudes privées éventuelles (par exemple, l'existence d'une servitude de passage).
11. Le montant de la commission de l'intermédiaire et le nom du débiteur (agent immobilier, notaire).
12. La liste des conditions suspensives prévues.
13. La remise de l'ensemble des diagnostics immobiliers regroupés au sein du dossier de diagnostic technique, établis par des professionnels certifiés (COFRAC) et en cours de validité.

# 3. UN FOCUS SUR 4 ÉLÉMENTS FONDAMENTAUX

## La superficie

La superficie du bien sera impérativement indiquée dans le compromis.

**Surface habitable** et **surface loi Carrez** : voilà deux termes que l'on entend lors des transactions immobilières, qui laissent à penser qu'il s'agit de la même chose. Eh bien non, des subtilités existent qui prennent toute leur importance depuis la loi ALUR (loi pour l'accès au logement et un urbanisme rénové). Précisons, par ailleurs, que le calcul de la surface habitable est régi par la loi Boutin.

Comme bien souvent, le diable se cache dans les détails. La différence fondamentale entre les deux calculs, c'est que, dans celui de la surface habitable, ne rentre pas la superficie des combles non aménagés, des sous-sols (y compris les caves), des remises (y compris les garages), des terrasses, loggias, balcons et vérandas, des locaux communs et autres dépendances (pour une hauteur supérieure à 1,80 m).

| | Surface Habitable | Surface loi Carrez |
|---|---|---|
| Surface de plancher construite | 🙂 | 🙂 |
| Parties dont la hauteur <1,80m | 🙁 | 🙁 |
| Terrasse, balcon | 🙁 | 🙁 |
| Véranda | 🙁 | 🙂 |
| Loggia privative à usage privatif | 🙁 | 🙂 |
| Loggia collective à usage privatif | 🙁 | 🙁 |
| Combles aménagées | 🙂 | 🙂 |
| Combles non-aménagées | 🙁 | 🙂 |
| Grenier, réserve, remise | 🙁 | 🙂 |
| Cave | 🙁 | 🙁 |
| Autres sous-sols | 🙁 | 🙂 |
| Parking, garage | 🙁 | 🙁 |

Éléments pris en compte dans le calcul de la surface

La loi ALUR impose que chacune des deux surfaces soit précisée dans l'acte de vente pour les appartements.

**ATTENTION**

Le vendeur peut parfaitement mesurer cette surface lui-même. Dans la réalité, c'est assez rare : le vendeur engage en effet sa responsabilité personnelle, alors qu'un professionnel dispose toujours d'une assurance qui le couvrira en cas de litige. Par exemple, si la superficie indiquée dans le compromis de vente est supérieure de plus de 5 % à la superficie réelle, l'acquéreur peut tout à fait se retourner contre le vendeur pendant 12 mois après la vente et réclamer le remboursement des mètres carrés manquants.

## Le dossier des diagnostics techniques (DDT)

Fournir les documents de diagnostic ne constitue qu'une obligation d'information. Quel que soit le résultat de chaque diagnostic, il n'oblige jamais le vendeur à effectuer des travaux, ni à en supporter le coût financier. L'information fournie prend la forme d'un dossier de diagnostics techniques (DDT) regroupant tous les diagnostics techniques, et qui est annexé au compromis de vente. Il comporte :

- le contrat de risque d'exposition au plomb (CREP) ;
- l'état mentionnant la présence ou non de matériaux ou produits contenant de l'amiante ;
- la présence ou non de termites dans le bâtiment ;
- l'état de l'installation intérieure du gaz ;
- l'état des risques naturels miniers et technologiques (ERNMT) ;
- le diagnostic de performance énergétique (DPE) ;
- l'état de l'installation intérieure de l'électricité ;
- la présence ou non de mérule dans le bâtiment ;
- le document établi à l'issue du contrôle des installations d'assainissement non collectif ;
- le diagnostic métrage loi Carrez pour un appartement ;
- dans certaines zones, un état d'exposition au radon.

Le nombre exact de diagnostics inclus dans un DDT dépend :

- de la nature du bien ;
- de sa date de construction ;
- de sa localisation.

La fourniture des diagnostics est essentielle pour l'acheteur puisqu'elle lui garantit une meilleure connaissance du bien. C'est également une formalité capitale pour le vendeur, car elle lui permet d'éviter nombre de litiges après la vente. Pour faire établir ces diagnostics, le vendeur s'adresse à un diagnostiqueur présentant les compétences et assurances requises et qui doit, en outre, être certifié (depuis le 1er novembre 2007), c'est-à-dire avoir réussi des examens nationaux théoriques et pratiques.

**À SAVOIR**

À l'image des ventes immobilières, les locations d'habitation sont soumises à des diagnostics techniques. À ce jour, jusqu'à 5 diagnostics sont à remettre au locataire lors de la signature du contrat :

- l'état des risques naturels et technologiques qui indique si le logement se situe ou non dans un périmètre d'exposition à un ou plusieurs aléas naturels, miniers ou technologiques. L'état mentionne aussi le risque sismicité, le potentiel radon et l'éventuelle pollution du sol ;
- le **diagnostic de performance énergétique** (DPE) qui renseigne sur le degré d'isolation thermique du logement et sur les charges prévisionnelles de chauffage ;
- le **constat des risques d'exposition au plomb** (CREP) ;
- l'état de l›installation intérieure d›électricité et de gaz qui évalue les risques pouvant porter atteinte à la sécurité des personnes ;
- depuis le 1er juin 2020, l'**information sur les nuisances sonores aériennes**.

## Le dépôt de garantie

L'acquéreur doit verser une somme d'argent – le dépôt de garantie – lors de la signature du compromis de vente. Ce dépôt, qui équivaut habituellement à 10 % du prix de vente du bien, est cependant négociable si les parties le souhaitent (surtout si l'acquéreur ne dispose pas de cette somme à cette étape du processus d'acquisition !).

La somme, qui doit être clairement indiquée dans le compromis de vente, est déposée sur un compte séquestre détenu par le notaire en attendant la signature de l'acte authentique de vente. Elle ne peut, en aucun cas, être versée sur le compte bancaire du vendeur.

Le dépôt de garantie est restitué à l'acquéreur si celui-ci exerce son droit de rétractation dans les conditions prévues par la loi ou si l'une des conditions suspensives inscrites dans le compromis de vente (crédit immobilier, droits de préemption du locataire ou de la commune...) ne se réalise pas.

Cette somme est soit déduite du montant total de la vente lors de la signature de l'acte définitif chez le notaire, soit restituée à l'acquéreur une fois la vente réalisée (dans ce cas, il est intéressant de faire figurer dans le compromis le délai de restitution).

## Les conditions suspensives

Un compromis de vente contient quasi systématiquement des conditions dites « suspensives ». La vente ne peut être validée que si ces conditions se réalisent. Parmi ces conditions, la plus importante concerne l'obtention du prêt par l'acquéreur.

### La condition d'obtention de prêt par l'acquéreur

Cette condition suspensive est insérée dans le compromis dès lors que l'acheteur est un particulier achetant à crédit et que l'achat porte sur un logement. Cette protection s'applique également à l'acquéreur d'un local à usage mixte, d'habitation et professionnel, ou d'un terrain destiné à la construction d'immeubles d'habitation ou mixtes. Dans ces cas précis, l'acquéreur bénéficie automatiquement de la condition suspensive, qui lui permet de n'acheter que s'il obtient son crédit dans un certain délai. Dans les autres cas, l'acquéreur n'a pas automatiquement droit à cette protection. Cela étant, il peut négocier pour la faire quand même apparaître dans le compromis.

Cette condition fait peser une incertitude sur la réalisation de la vente ; c'est donc pour cela qu'elle est souvent associée à un délai précis (1 mois minimum d'après la loi). En pratique, le délai généralement accordé à l'acquéreur pour effectuer toutes ses démarches auprès des organismes bancaires et obtenir au moins une offre de prêt est de 45 jours.

Le montant du prêt que l'acheteur souhaite souscrire doit être précisé dans le compromis, tout comme les conditions qui y sont associées : montant, durée, taux... Exemple : la condition suspensive précise que l'achat d'un bien ne se fera que si l'acquéreur a réussi à obtenir un prêt de

150 000 € sur 15 ans et au taux maximum de 2,5 %. Dès lors, l'acquéreur ne peut pas prétexter un refus de prêt sur 20 ans : la condition suspensive ne s'applique pas. En revanche, si on ne lui a proposé que des offres de prêt à 2,75 %, il peut refuser et faire appliquer la condition suspensive.

## Les autres conditions suspensives

Le compromis de vente comprend également, presque systématiquement, 3 autres conditions suspensives :

- l'absence de servitude d'urbanisme ou d'utilité publique grevant le bien ;
- la renonciation par une collectivité publique à son droit de préemption sur le bien ;
- la situation hypothécaire du bien au moment de la vente.

D'autres conditions peuvent être ajoutées à la demande de l'acquéreur ou du vendeur pour tenir compte de situations particulières. Par exemple, un médecin achetant un appartement pour en faire son cabinet médical peut négocier avec le vendeur une condition lui permettant de n'acheter que s'il a préalablement obtenu l'accord de la mairie de changer l'usage privé du logement en local commercial.

D'une manière générale, les conditions suspensives constituent le point le plus épineux d'un compromis de vente. Si le vendeur ne peut s'opposer à la clause suspensive d'obtention de prêt, les autres clauses font souvent l'objet d'âpres négociations, d'autant que les conditions suspensives sont plutôt favorables à l'acheteur.

En pratique, il s'écoule au moins 3 mois entre la signature du compromis de vente et celle de l'acte de vente authentique et définitif. Ce délai doit être mis à profit pour réunir les pièces nécessaires au dossier.

Comme vous l'avez compris, le compromis de vente est la pierre angulaire de votre aventure immobilière. Il conditionne de nombreuses choses et ne doit surtout pas être considéré à la légère, car il vous engage réellement. Il est le reflet de ce que sera, à peu de chose près, l'acte définitif.

Une fois ce document signé, vous disposez d'un délai limité pour obtenir une offre de prêt officielle de la part d'une banque, cette offre devant correspondre au montage financier que vous avez prévu et qui a été inscrit dans le compromis de vente.

En tant qu'acquéreur, vous disposez toutefois d'un délai de rétractation de 7 jours à partir de la date de signature du compromis ou de la date de réception du courrier (compromis envoyé en recommandé avec accusé de réception) si le compromis a été signé avec une agence immobilière.

**À SAVOIR**

À noter qu'une clause pénale destinée à forcer les parties prenantes à respecter leurs obligations est également insérée dans le compromis de vente.
Cette clause est un moyen de contrainte très utile. Elle permet de demander l'exécution judiciaire de la vente ou de faire constater en justice la résiliation de la vente, voire même de se faire indemniser à hauteur du paiement prévu dans cette clause si l'autre partie refuse d'exécuter sa part du contrat.
Toujours dans le cadre de la clause pénale, il est précisé que le dépôt de garantie est conservé par le vendeur (en dommages et intérêts) si l'acquéreur refuse de signer la vente. L'acquéreur a toujours néanmoins la possibilité de refuser la vente s'il accepte d'abandonner son dépôt de garantie.

# 4. LES VÉRIFICATIONS QUE LE NOTAIRE DOIT EFFECTUER

Vous voici aux portes de la concrétisation de votre achat de bien immobilier. L'acte authentique ou acte de vente n'est pas à proprement parler une étape délicate, mais un certain nombre de formalités doivent être accomplies.

La signature de l'acte authentique est importante car elle concrétise la fin de votre parcours de recherche d'un bien, mais également le début de son exploitation.

Pour que l'opération se déroule correctement, elle doit nécessairement avoir lieu chez un notaire. En tant qu'acheteur, vous avez la possibilité de vous faire accompagner par votre propre notaire si ce n'est pas le même que celui du vendeur. En pratique, le notaire du vendeur rédige l'acte de vente et peut, éventuellement, se faire aider par le notaire de l'acheteur.

En ce qui nous concerne, nous sollicitons toujours notre propre notaire : il a une plus grande rigueur pour étudier le contenu des actes de vente que nous lui soumettons et son intervention n'occasionne aucun frais supplémentaire puisque les deux notaires, le nôtre et celui du vendeur, se partagent les frais.

Entre la signature du compromis de vente et celle du contrat, il peut s'écouler 2 à 3 mois. Durant cette période, le notaire doit :

- identifier les parties prenantes ;
- authentifier l'acte ;
- rechercher les informations hypothécaires ;
- authentifier les titres de propriété ;
- s'assurer que tous les diagnostics immobiliers ont été réalisés.
- réaliser la purge des droits de préemption ;
- contrôler que le dossier comprend tous les documents à produire.

## Le détail des frais de notaire

**À SAVOIR**

Pour les transactions de quelques milliers d'euros, les émoluments du notaire sont plafonnés à 10 % du prix de vente du bien.
Pour les transactions supérieures à 150 000 €, les notaires peuvent consentir jusqu'à 10 % de remise sur leurs émoluments.
Pas de quoi se réjouir malgré tout, car ces réductions ne représentent pas grand-chose par rapport à la hausse des droits de mutation qui constituent le plus gros poste des frais de notaire.

Lors de l'acquisition, le notaire va également encaisser les fameux frais de notaire ! Détaillons rapidement ces frais qui se décomposent en quatre parties :

- **Émoluments du notaire** : il s'agit de la rémunération du notaire proprement dite. Elle est proportionnelle selon différents paliers du coût du bien.

| SEUILS | EN POURCENTAGE (HT) |
|---|---|
| De 0 jusqu'à 6 500 € | 3,870 |
| Au-delà de 6 500 € jusqu'à 17 000 € | 1,596 |
| Au-delà de 17 000€ jusqu'à 60 000 € | 1,064 |
| Au-delà de 60 000 € | 0,799 |

Notons que, malgré tout, comme nous l'avons spécifié plus haut, ces émoluments sont négociables.

- **Frais de formalités**, copies et débours : compter entre 1 000 € et 1 200 €. Le montant de ces frais dépend des formalités devant être engagées par le notaire : interrogation du cadastre, renseignements auprès du bureau des hypothèques, demande de pièces d'urbanisme, frais de copie, attestation de vente…
- **La contribution de sécurité immobilière (frais de publication ou formalité fusionnée)** : 0,1 % du prix de vente avec un minimum de 15 €. Ces frais rémunèrent le conservateur des hypothèques.
- **Droits d'enregistrement (ou droits de mutation ou taxe de publicité foncière)** : 5,80 % du prix de vente dans la quasi-totalité des départements (exception du 36, 38, 56 et Mayotte qui continuent de pratiquer 5,09 %) pour l'acquisition d'un bien ancien. Il est à noter que, pour les immeubles neufs vendus en VEFA ou les immeubles de moins de 5 ans vendus pour la première fois, ces droits sont beaucoup moins élevés : 0,715 % du prix de vente.

## Les 10 points de vigilance sur lesquels focaliser son attention lors de l'acte de vente

Avant de vous présenter à l'étude du notaire pour signer l'acte, vous devez :

1. **Anticiper le paiement du bien**. Dans notre cas, nous empruntons toujours. Vous allez demander au notaire du vendeur (par l'intermédiaire du vôtre) d'adresser à votre banque prêteuse une demande d'appel de fonds correspondant au montant de la transaction (prix du bien + frais de notaire + frais d'agence éventuels + caution + hypothèque ou privilège de prêteur de deniers). Cette demande doit être faite au moins une semaine avant la date de signature. Si vous payez tout ou partie du bien avec un apport personnel, vous émettrez un chèque de banque à l'ordre du notaire.
2. **Prévoir une assurance pour le bien**. Par exemple, si vous achetez des murs commerciaux, souscrivez une assurance pour les

murs en tant que « propriétaire non occupant » et transmettez-en l'attestation au notaire du vendeur.

3. **Informer le locataire** (s'il y en a un) du changement prochain de propriétaire.

Au moment de la signature de l'acte, vous devez :

4. **Vous assurer que la rédaction du document est fidèle à la réalité.**
5. **Ne pas hésiter à poser des questions** pour éclaircir tout point le nécessitant.
6. **Contrôler que les différents frais avancés** (dépôt de garantie, provision pour frais en cas de refus de prêt) **sont bien restitués** (par virement, par exemple).
7. **Vérifier que la taxe foncière est bien calculée sur la base d'un *prorata temporis*** entre les deux parties.
8. **Demander une attestation de propriété.**
9. **Demander une copie du courrier adressé au locataire l'informant officiellement du changement de propriétaire et du transfert de bail.**
10. **Récupérer les clés de votre nouveau bien.**

Si vous ne pouvez pas vous déplacer, demandez à votre notaire une délégation pour la signature. Concrètement, le clerc de notaire de l'acheteur signe une procuration au clerc de notaire du vendeur qui va signer. Vous pouvez assister à la séance par téléphone selon le bon vouloir du notaire.

Après la signature de l'acte, il vous faut :

- vérifier que le virement du reliquat (différence entre le montant réel de la vente et le montant payé à la signature, toujours légèrement supérieur pour prévoir les aléas financiers) et du dépôt de garantie vous a bien été reversé ;
- informer votre locataire de la signature du contrat, lui transmettre l'attestation et le transfert de bail ;
- recevoir l'acte définitif de vente, une fois cet acte publié au bureau des hypothèques (compter 6 mois environ après la signature).

Vous voici officiellement propriétaire d'un bien immobilier, outil d'investissement synonyme du début de votre enrichissement.

Chapitre 7

# COMMENT CONVAINCRE SON BANQUIER DE FINANCER LE PROJET ?

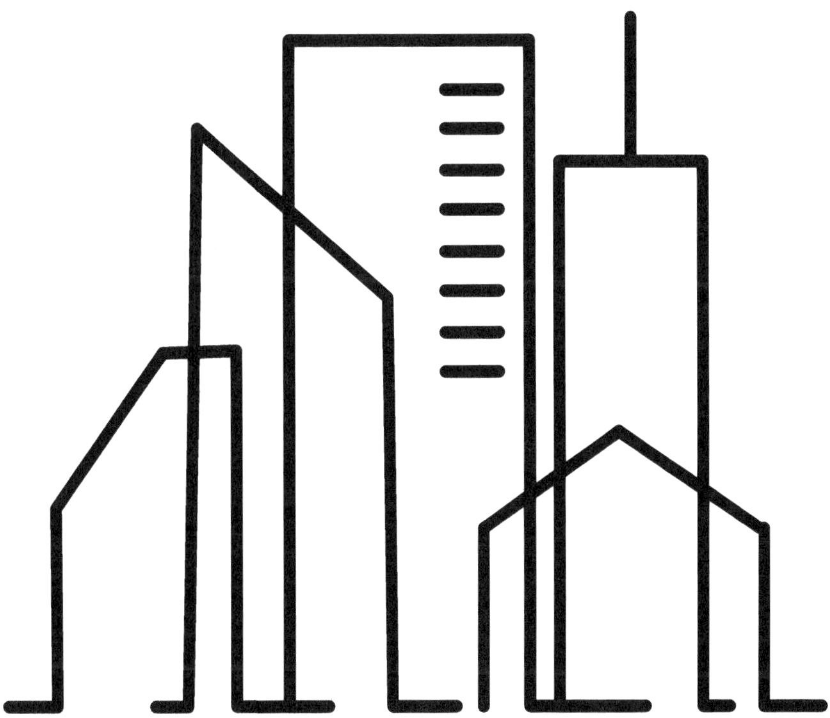

# 1. COMBIEN EMPRUNTER ?

Notre propos s'adresse ici à ceux qui envisagent d'investir dans l'immobilier pour louer.

Revenons au moment de la signature du compromis. Vous êtes désormais lancé dans une course contre la montre durant laquelle la quête du Graal va occuper une bonne partie de votre temps.

De quel Graal parle-t-on ? Du prêt « intégral » nécessaire à l'achat du bien choisi et de ses à-côtés. Rappelons ici que l'objectif est de ne pas toucher à ses deniers personnels et de rembourser l'intégralité de l'opération grâce aux revenus issus de la location. Il s'agit là d'un point essentiel pour bénéficier de l'effet de levier apporté par le crédit, l'un des mécanismes les plus pertinents pour s'enrichir.

**EN PRATIQUE**

Imaginons que vous ayez 100 K€ en liquidité et que vous souhaitez investir dans un bien immobilier coûtant 100 K€ tout compris. Devez-vous ou non emprunter ?
Prenons les hypothèses suivantes :
- prêt sur 15 ans à 3 % assurance comprise ;
- possibilité de placer son épargne en assurance vie avec des intérêts à 3 %, nets de frais de gestion ;
- Valeur du bien 15 ans plus tard : 120 000 € ;
- bien loué 800 €/mois, le loyer étant revalorisé 1 % par an ;
- loyers nets après déduction de l'ensemble des frais, taxes, vacances des locataires et travaux : 80 % ;
- régime microfoncier et taux d'imposition à 30 %.

Compte tenu de ces hypothèses, examinons le patrimoine 15 ans plus tard.

**Cas sans emprunt : investissement des 100 K€ dans l'achat du bien immobilier**
Les loyers ont généré 104 K€.
Le patrimoine total s'élève donc à 104 K€ et la valeur du bien est de 120 K€.

**Cas avec emprunt : placement des 100 K€ et emprunt de 100 K€ pour acheter le bien**

Les 100 K€, placés sur une assurance vie à 3 %, donnent un capital de 156 K€ au bout de 15 ans.

Les mensualités de remboursement du prêt sont globalement payées par les loyers touchés pendant 15 ans. Rappelons que les intérêts d'emprunt permettent de limiter très sensiblement l'imposition puisqu'ils sont déductibles des revenus fonciers, de même que les charges et les travaux.

Le patrimoine total au bout de 15 ans s'élève à environ 156 K€ et la valeur du bien est de 120 K€.

La différence est donc de 52 K€ ! On le voit, vous avez tout intérêt à emprunter si vous voulez faire un investissement locatif.

Imaginons maintenant que vous n'avez aucun apport :

- Dans le premier cas, vous avez au bout de 15 ans un patrimoine égal à 0 € puisque vous n'avez pas pu investir.
- Dans le second, vous disposez au bout de 15 ans d'un bien qui s'est autofinancé puisque les revenus issus des loyers ont permis de rembourser vos mensualités d'emprunt et de payer les impôts et les charges. Vous êtes donc à la tête d'un patrimoine de 120 000 € si vous avez pu aller au terme du crédit.

Au travers de cet exemple, on constate l'intérêt de prendre un crédit pour financer son investissement immobilier. Ceci se vérifie d'autant plus que les taux de crédits sont très bas et que les solutions d'épargne disponibles ne présentent pas des taux très élevés.

Quand on emprunte, le montant visé doit englober le financement du bien en lui-même, des frais de notaire, des garanties (caution Crédit Logement, par exemple), des frais de dossiers et de courtage éventuellement. Ce qui conduit à une demande de prêt équivalant à 111 % du prix d'achat du bien.

Selon la situation de chacun, cet objectif est plus ou moins facilement atteignable, car la banque prend un risque en finançant le futur bien 111 % alors qu'il n'en vaut que 100 %. Nous allons cependant voir comment maximiser les chances d'obtenir un prêt.

**LE BON CONSEIL**

Combien emprunter pour financer l'achat de sa résidence principale ? Notre avis est que ce type d'achat ne produit pas à proprement parler de revenus. Il permet tout au mieux de ne pas payer de loyer et contribue à disposer d'un patrimoine. Selon votre situation et vos envies, nous ne saurions trop vous conseiller de tout mettre en œuvre pour emprunter le moins possible et de ne pas dépasser une durée d'emprunt de 15 ans. Il ne faut pas non plus investir toutes vos économies dans l'apport de départ car elles vous seront utiles si vous envisagez un nouvel investissement plus tard. Pensez donc à conserver une petite capacité d'endettement. Enfin, ne visez pas des mensualités de remboursement trop élevées qui ne vous permettront pas d'économiser : il faut que vous puissiez reconstituer votre épargne.

# 2. QUEL TYPE DE PRÊT CHOISIR ?

## Avant tout, bien connaître sa situation

Nous avons vu que l'idéal est de financer l'opération à 111 %, mais que cette possibilité dépend très fortement de la situation de chacun. Un banquier préfère toujours financer une opération à 80 % plutôt qu'à 111 %, car le risque est moindre pour lui. Toutefois, si votre surface financière (patrimoine immobilier et mobilier) est confortable, votre banquier considérera le risque comme maîtrisé et le financement intégral envisageable.

**ATTENTION**

La demande d'un financement intégral ne signifie pas que vous ne disposez d'aucun patrimoine, apport ou liquidités. Il est dans votre intérêt de démontrer à votre banquier que vous avez une « hygiène » financière irréprochable en lui prouvant notamment que vous épargnez régulièrement. Cette épargne va rassurer votre banquier dans le cas d'éventuelles vacances locatives de votre bien, par exemple.

**ATTENTION**

Vous pouvez intégrer les primes et dividendes dans l'évaluation de vos ressources régulières. Dans ce cas, il faut pouvoir démontrer à votre banquier la régularité de ces primes sur plusieurs années. Pour ce faire, vous lui présenterez vos derniers avis d'imposition donnant le cumul net imposable ou vos bulletins de salaire du mois de décembre si ceux-ci comportent un récapitulatif annuel.

Avant d'entamer vos démarches auprès des banques, récapitulez les données propres à votre situation financière et à celles de votre investissement :

– **Coût de l'opération à financer**

| | |
|---|---|
| | Achat du bien |
| + | Frais de notaire |
| + | Commission d'agence immobilière |
| + | Travaux |
| + | Taxes éventuelles |

– **Patrimoine**

*Mobilier :*

| | |
|---|---|
| | Livrets (A, PEL...) |
| + | Assurance vie |
| + | Actions, PEA |

*Immobilier :*

Somme de l'évaluation des différents biens de laquelle on retranchera le capital restant dû des différents prêts en cours, s'il y en a.

– **Ressources**

| | |
|---|---|
| | Salaires |
| + | Revenus locatifs |
| + | Pensions |

- **Dépenses**

| | |
|---|---|
| | Taxes et impôts divers |
| + | Charges diverses |
| + | Dépenses de la vie courante |
| + | Dépenses pour les loisirs |
| + | Provisions pour dépenses exceptionnelles |

- **Capacité de remboursement**
  Le calcul de la capacité de remboursement est plutôt simple, puisqu'il s'agit de prendre en compte les ressources annuelles nettes, de les multiplier par le taux d'endettement maximal de 33 % et de leur soustraire les dépenses annuelles. On rapporte ensuite le tout au mois.

$$\text{Capacité de remboursement} = \frac{(\text{ressources annuelles nettes} \times 0.33) - \text{dépenses annuelles}}{12}$$

**À SAVOIR**

Le fameux taux d'endettement maximal de 33 % à ne pas dépasser est quasiment devenu une règle d'or pour tout le monde. Le « reste à vivre », qu'il était de coutume de mettre en avant pour convaincre le banquier de dépasser le seuil des 33%, n'est plus suffisant.
Derrière ce durcissement se cache les recommandations du Haut Conseil de Stabilité Financière demandant aux établissements bancaires et aux établissements de crédits de veiller à ce que le taux de crédit n'excède pas 35 % et que la durée du crédit ne dépasse pas 27 ans. Un grand nombre d'établissements respectent désormais assez scrupuleusement ces recommandations. Attention toutefois, les 27 ans concernent uniquement les maisons individuelles et les VEFA.

Cette dernière règle est par ailleurs surveillée par l'APCR, l'Autorité de Contrôle Prudentiel et de résolution (sorte de gendarme bancaire). Toutefois, même si cette nouvelle contrainte semble figer les choses, il existe malgré tout des marges de manœuvre, bien que limitées.

Les banques conservent quelques latitudes pour l'octroi des crédits. Il faut veiller à respecter le taux d'endettement de 35 % mais, dans certains cas exceptionnels, les banques peuvent aller au-delà, notamment dans le cas de l'acquisition d'une résidence principale et dès lors que le crédit reste inférieur à 7 années de revenus en somme totale et, bien entendu, sur une durée inférieure à 27 ans.

Le HCSF autorise aussi les organismes prêteurs à détenir 15 % des crédits octroyés, par trimestre, qui dérogent aux règles. Mais il faudra y retrouver pour 75 % des primo accédants et des résidences principales.

Il est bien important de comprendre que certaines banques ont changé leur comportement vis-à-vis des investisseurs dans le locatif. Depuis le début de 2020, elles appliquent à ces derniers le même mode de calcul pour le taux d'endettement que celui pratiqué pour les primo-accédants.

Il s'agit du mode de calcul classique. Dans ce dernier, le taux d'endettement est le rapport entre les dépenses obligatoires et les rentrées d'argent, ce quotient ne devant pas excéder 35 %. Attention, au niveau des revenus, les revenus locatifs sont pondérés de 70 à 80 % de leur valeur de marché afin de tenir compte d'éventuelles vacances locatives.

La généralisation de ce mode de calcul n'est pas une bonne nouvelle pour les investisseurs car, jusqu'alors, beaucoup de banques pratiquaient la méthode « différentielle ». Cette méthode considère l'opération immobilière comme une entité à part. Elle permet donc de compenser directement les mensualités dues à la banque avec le loyer perçu au nom de la location. Ainsi, si un investissement locatif nécessite un crédit de 1 200 € et génère un loyer de 800 €, la banque va simplement alourdir les charges mensuelles de 400 €. La différence sur le calcul du taux d'endettement est assez significative et permet à un investisseur de ne pas dépasser les 35 % d'endettement.

Pour autant, il ne faut pas se décourager et ne pas s'arrêter au premier refus. Si votre projet est bien présenté et bien préparé, il intéressera nécessairement une banque. Par ailleurs, à l'heure où nous écrivons ces lignes, plusieurs voix s'élèvent contre ces contraintes, notamment la marge de flexibilité fixée à 20 % qui pourrait être revue à la hausse (30 %). Le HCSF n'a pas fermé la porte à certains aménagements, dossier à suivre.

Voyons maintenant quels types de prêt vous pouvez solliciter pour concrétiser votre investissement.

## Le prêt à taux fixe

Ce prêt est de loin le plus répandu. Il satisfait tous ceux qui ont une aversion au risque :

- taux fixe sur toute la durée du prêt, même s'il est possible, en cas de baisse des taux, de le renégocier à la baisse. (Surtout les premières années durant lesquelles on rembourse essentiellement des intérêts) ;
- mensualités constantes, mais qui peuvent aussi être modulables.

En pratique, il est possible de réduire ses mensualités ou de les augmenter : en général, cette modulation est de 10 % une fois par an. Attention : la réduction du montant de vos mensualités va augmenter la durée de votre prêt. Or, l'allongement de la durée d'un prêt a un coût puisque vous payez des intérêts plus longtemps.

**À SAVOIR**

Chaque banque gère différemment le fonctionnement des mensualités modulées. Il est donc important de vous renseigner dès que vous commencez à négocier votre prêt avec votre banquier et de vérifier que cette modulation figure bien dans l'offre de prêt.
À noter que cette possibilité vous permettra d'obtenir un taux intéressant sur une durée de 15 ans par exemple ; vous pourrez allonger la durée de crédit après quelques mois ou années, tout en bénéficiant du taux initial. Ainsi, vos mensualités seront plus faibles et votre *cash-flow* plus élevé.

En période de taux d'intérêt bas, le prêt à taux fixe s'avère une très bonne solution pour financer votre investissement.

**LE BON CONSEIL**

Pensez à négocier la suppression des pénalités en cas de remboursement anticipé de votre prêt et veillez à ce que cette exonération soit stipulée dans les conditions particulières de l'offre de prêt. En revanche, sachez que vous ne pourrez jamais être exonéré des pénalités dues en cas de rachat de votre crédit immobilier par une autre banque.

Le choix de la durée du prêt est un paramètre important. Plus la durée est longue, moins vous remboursez de capital rapidement, car ce sont d'abord de grosses parts d'intérêt que l'on rembourse les premières années. Concrètement, en cas de remboursement anticipé, vous pouvez avoir la désagréable surprise de constater que le capital restant dû est bien plus élevé que ce que vous imaginiez.

**LE BON CONSEIL**

Si vous avez la possibilité de choisir la durée de votre prêt, essayez de privilégier la durée la plus courte possible pour l'achat de votre résidence principale et une durée de l'ordre de 20 ans pour un investissement locatif, ce qui vous permet de maîtriser votre taux d'endettement (si vous avez d'autres prêts d'investissement locatif) et de gérer votre déficit foncier.

## Le prêt à taux révisable capé

Comme son nom l'indique, le taux du prêt est capé et variable, ce qui signifie qu'il peut fluctuer en fonction de limites (+/- 1 ou 2 % par rapport à un autre taux) prévues contractuellement. À noter que certaines banques ne mettent qu'un plafond à la hausse.

Le taux de ces prêts dépend en fait d'un indice monétaire (Euribor) : lorsque l'indice baisse, le prêt revient moins cher. L'avantage est que le taux de ces prêts est généralement inférieur au taux des prêts à taux fixe. Cependant, la probabilité d'une baisse des taux lorsqu'ils sont déjà très bas – comme en ce moment – est relativement faible.

**À SAVOIR**

Le prêt à taux révisable capé n'est que l'une des catégories des prêts à taux révisables « classiques ». Les taux de ces prêts sont soumis aux fluctuations des indices monétaires, et ce, quasiment sans limite. Ces prêts à taux révisables peuvent s'avérer particulièrement risqués si les taux remontent fortement : il faut alors honorer des mensualités beaucoup plus élevées. Notez qu'il est toujours possible de repasser à un prêt à taux fixe, mais généralement à des conditions peu avantageuses.

## Le prêt relais

Le prêt relais permet d'acheter un bien en attendant qu'un autre soit vendu. Il est utile lors d'un changement de résidence principale, par exemple : il va couvrir le prêt correspondant à l'achat du nouvel appartement tant que l'appartement précédent n'est pas vendu.

**ATTENTION**

Le prêt relais n'est pas un prêt qui assure des nuits sereines.
Si vous n'êtes pas parvenu à vendre votre bien précédent à l'issue de l'échéance du prêt relais et que vous ne pouvez pas payer les deux mensualités (prêt relais + prêt pour le nouveau logement), vous n'aurez pas d'autre choix que de :
- mettre votre bien précédent en location ;
- réduire le prix de manière significative ;
- revendre le second bien.

Son fonctionnement comporte quelques spécificités par rapport aux prêts classiques :

- On ne rembourse pas le capital, on ne paye que des intérêts.

Par exemple, pour un prêt relais de 100 K€ à 3 %, les intérêts mensuels s'élèvent à :

$$\frac{100000 \times 0,03}{12} = 250 \text{ € par mois}$$

- Le montant maximal du prêt finançable par la banque correspond à 60-70 % de la valeur du bien précédent, déterminée sur la base d'évaluations réalisées par trois professionnels de l'immobilier. Les conditions de fixation de cette valeur peuvent différer d'une banque à une autre.
- Ce prêt est d'une durée de 12 mois, renouvelable une fois.

- Il est demandé soit une garantie de type caution mutuelle (Crédit Logement, par exemple), soit une hypothèque sur le bien. Notez que la solution de type caution s'avère moins onéreuse que les frais afférents à une mainlevée hypothécaire.

## Le prêt *in fine*

Si votre taux marginal d'imposition est supérieur à 30 % et que vos revenus sont confortables et réguliers, le prêt *in fine* peut s'avérer une solution très intéressante pour un investissement immobilier.

Le principe est simple : contrairement aux prêts précédents, dits amortissables, ici vous ne remboursez que les intérêts tout au long de la durée du prêt, et le capital dans sa totalité à la dernière mensualité.

L'intérêt de ce type de prêt est double :
- alléger vos mensualités de remboursement ;
- bénéficier d'un avantage fiscal avantageux : vous limitez l'impact de la fiscalité sur vos revenus locatifs, dès que vous êtes à un taux marginal d'imposition de 30 % minimum, en déduisant vos intérêts d'emprunt de vos revenus fonciers.

**ATTENTION**

Dans le cadre d'un prêt amortissable, la part du capital remboursé augmente chaque mois alors que la part des intérêts diminue. Dans le cadre du prêt *in fine*, la part de capital remboursé est zéro et la part des intérêts constante (comme dans le prêt relais).
Le coût du prêt *in fine* est donc plus élevé, puisque l'on rembourse un montant d'intérêts pratiquement le double de celui d'un prêt amortissable. Il vous revient donc de bien évaluer ce coût au regard des avantages que procure un prêt *in fine*.

La question que vous vous posez certainement est : comment rembourser sa dernière mensualité, celle du capital ? Pour éviter toute mauvaise surprise au moment de son paiement, la banque prend ses précautions et vous demande généralement de souscrire un contrat d'assurance-vie sur un fonds garanti. La somme que vous investissez, grâce à l'effet cliquet des intérêts composés durant l'année écoulée, permet d'obtenir le montant de la dernière mensualité à rembourser (les intérêts générés durant l'année sont définitivement acquis à l'épargnant).

Vous l'avez compris, ce prêt est avantageux pour les investisseurs aisés, mais risqué au regard des aléas de la vie.

### Les autres prêts

D'autres prêts rentrant dans le cadre d'un apport personnel peuvent constituer des solutions intéressantes. La plupart sont cependant soumis à des conditions d'application restreignant leur champ d'application (résidence principale uniquement, ressources plafonnées…). Citons le prêt à taux zéro, le prêt épargne logement (PEL), le compte épargne logement (CEL), le prêt à l'accession sociale (PAS), le prêt action logement, le prêt fonctionnaire.

Le site de l'Anil (Association nationale pour l'information sur le logement), www.anil.org, vous donnera toutes les informations nécessaires concernant vos droits à l'accès de ces prêts.

Vous pouvez aussi bénéficier d'un prêt familial ou d'un prêt entre particuliers. Cette dernière forme est aujourd'hui en plein essor au travers du crowdfunding immobilier.

## 3. QUELLES SONT LES ATTENTES DU BANQUIER ?

Le banquier essaie avant tout de prendre le moins de risques possible en vous prêtant de l'argent. Partant de ce constat, on pourrait dire qu'il ne prête qu'aux riches. Si cet adage n'est pas complètement faux, vous pourrez quand même décrocher un prêt immobilier dès que vous montrez « patte blanche » et ce même si vous n'êtes pas riche.

Voici les points sur lesquels faire preuve de vigilance afin de répondre aux attentes de votre banquier :

- Présenter trois derniers relevés de compte sans incident. Tout découvert peut s'avérer problématique, sauf si vous avez une explication cohérente.
- Ne pas avoir de crédit à la consommation et démontrer une bonne santé financière.
- Avoir des revenus, remboursement du prêt déduit, suffisants pour vivre.
- Démontrer que vous pouvez épargner régulièrement.
- Avoir une bonne stabilité professionnelle, une ancienneté de plus de 2 ans dans la même entreprise et un contrat à durée indéterminée (CDI). Être fonctionnaire constitue également un atout important.
- Ne pas être fiché au Fichier des incidents de crédit aux particuliers (FICP).
- Si vous êtes en instance de divorce, justifier d'une séparation de corps et avoir le maximum d'informations sur l'issue du jugement.
- Domicilier vos revenus dans la banque prêteuse. Si cette requête peut sembler compréhensible et audible pour l'achat d'une habitation principale, elle n'est toutefois pas obligatoire (voir encadré « À savoir » ci-dessous) pour un investissement locatif : une délégation de loyer peut alors être stipulée dans l'acte de prêt.
- Souscrire une assurance multirisque habitation, voire une assurance-vie. Malgré la pression que votre banquier peut exercer pour vous vendre ce type de produit, résistez si le contrat qu'il vous propose ne vous semble pas compétitif.

**EN PRATIQUE**

Olivier et son épouse Sophie, un couple de Lillois de 45 ans, ont récemment acheté une maison de ville constituée de quatre chambres. Ils comptent louer 350 € chacune de ces chambres à des étudiants. Le bien, situé dans une zone dynamique et bien desservie, leur a coûté 165 000 €. Les frais d'agence se montent à 5 000 €, les frais de notaire à 7 000 € et 5 000 € de travaux sont à prévoir.
Au total, le coût de leur investissement s'élève à 182 000 €, que la banque a accepté de financer en totalité. Leurs revenus locatifs mensuels vont s'élever à 1 400 €, somme supérieure à leur mensualité de remboursement qui, elle, est fixée à 1 200 €. Comment ont-ils fait pour obtenir un financement intégral ?

Ce couple disposait tout simplement d'un bon dossier : deux CDI, sachant qu'Olivier est en outre enseignant, aucun crédit en cours et des comptes bancaires sans incidents.

**À SAVOIR**

Les articles du Code de la consommation permettant aux établissements d'imposer une domiciliation des revenus sous condition ont été abrogés par la loi Pacte du 22 mai 2019 (article 206).
Vous êtes donc libre de choisir la domiciliation de vos revenus. Toutefois, gardez bien en tête que cela peut être un élément de négociation non négligeable avec votre banquier ou un organisme prêteur.
La banque prêteuse peut exiger l'ouverture d'un compte bancaire dans son établissement, en contrepartie de l'accord de crédit. Il est en effet assez fréquent que l'accord du prêt soit lié à cette conditio, et la banque en a tout à fait le droit. Vous ne devez pas perdre de vue cependant qu'ouverture de compte ne signifie pas obligatoirement domiciliation des revenus..

## 4. COMMENT PRÉPARER SON DOSSIER ?

Votre dossier se doit d'être irréprochable. Cela signifie qu'il doit être synthétique, complet et rigoureux.

Voici la liste de tous les documents et éléments susceptibles de vous être demandés :
- le document de synthèse spécifiant les éléments du dossier ;
- la description du projet avec éléments chiffrés à l'appui ;
- le détail du financement demandé ;
- l'identité des investisseurs ;
- le descriptif du patrimoine mobilier ;
- le descriptif du patrimoine immobilier.

Ce dossier sera envoyé à votre banquier une semaine avant votre rendez-vous pour lui démontrer le sérieux de votre démarche et lui permettre d'étudier tous les éléments, parmi lesquels :

- le compromis ou la promesse de vente du bien s'il s'agit d'un bien ancien ;
- le contrat de réservation s'il s'agit d'un bien neuf ;
- le descriptif de la situation du bien et l'argumentation sur l'environnement ;
- le descriptif du bien et le plan métré ;
- le bail commercial s'il s'agit de murs commerciaux.

Prévoyez également de tenir à sa disposition :

- les pièces d'identité des emprunteurs ;
- la copie du (des) contrat(s) de travail ;
- les 3 derniers relevés de compte de tous vos comptes ;
- vos 3 derniers bulletins de salaire ;
- votre bulletin de salaire de décembre de l'année N-1 ;
- votre dernier avis d'imposition ;
- l'avis de taxe foncière si vous êtes propriétaire ;
- les titres attestant votre propriété d'autres biens immobiliers ;
- les tableaux d'amortissement de vos prêts en cours ;
- les justificatifs concernant votre patrimoine mobilier (livret A, assurance vie, PEE, PEA, PEL, portefeuille d'actions...).

**LE BON CONSEIL**

Si vous investissez dans l'immobilier régulièrement, il est fastidieux de collecter chaque fois tous ces documents pour les photocopier. Pour maximiser votre efficacité, nous vous suggérons de les scanner et de les stocker dans un espace informatique sécurisé de type coffre-fort électronique, afin d'en disposer à tout moment.

La crédibilité de votre dossier dépend principalement de cette phase de préparation. Lors de l'entrevue avec votre banquier, montrez-lui que vous êtes organisé en évitant de fouiller dans vos papiers pour retrouver le bon.

Nous allons maintenant vous présenter un outil particulièrement intéressant. Outre le fait de vous fournir des éléments objectifs sur la pertinence de votre investissement, il vous aide à donner du crédit à votre dossier lors de sa présentation à votre banquier.

Cet outil permet :

- de calculer le rendement net d'un investissement locatif ;
- de recueillir automatiquement le prix moyen de biens comparables dans la ville où se situe le bien choisi, sur la base des annonces mises en ligne ;
- d'évaluer la pertinence de votre investissement à l'aide d'un score allant jusqu'à 10 ;
- de comparer votre investissement locatif à d'autres placements ;
- d'optimiser la durée de votre placement ;
- de simuler les régimes fiscaux de déficit foncier, de loueur en meublé, Denormandie, Pinel, Cosse, Duflot ou Borloo.

Cet outil se trouve sur le site www.rendementlocatif.com. Vous pourrez trouver ce site en scannant ce QR code. À partir de données que vous aurez complétées, voici un exemple des éléments fournis par cet outil.

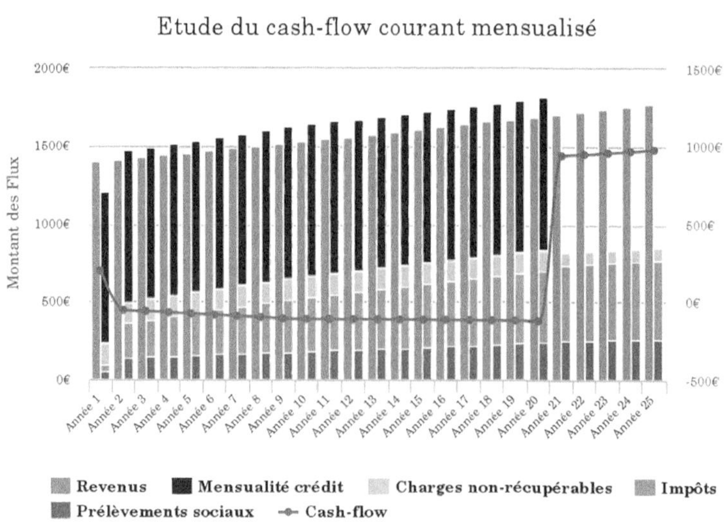


Extrait d'un rapport d'investissement du site http://www.rendementlocatif.com/

RENDEMENT LOCATIF

# Rapport d'investissement locatif immobilier

## Résumé

Achat d'une maison de 57m2 , financé par un emprunt sur 20 ans, au prix FAI de 170 000€ à Lille louée en direct 1400€ par mois. Les revenus sont déclarés en Régime Réel de déficit foncier.

Score Invest™ 7/10

### Indicateurs clefs

| | |
|---|---|
| **Investissement** | 183 800€ |
| **Emprunt** | 183 800€ |
| **Mensualité** | 1 029.1€ |

| Rendement net* | Cash-flow* | TRI et VAN* |
|---|---|---|
| 5.99% | -57€ /mois | 0% / 53 664€ |
| *(*) la 2ème année* | *(*) la 2ème année* | *(*) revente auto à 10 ans* |

### Enrichissement à terme

| Revente dans 10 ans à 187 839€ | vs. Assurance vie à 3% (10 ans) |
|---|---|
| 70 317€ | 1 323€ |

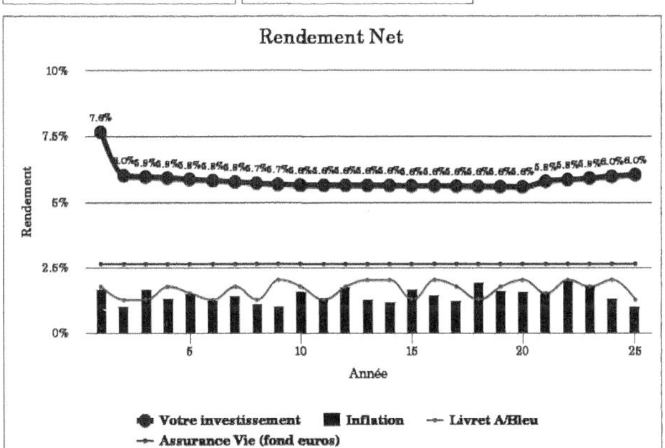


Voir le rapport en ligne »

Extrait d'un rapport d'investissement du site http://www.rendementlocatif.com/

# 5. COMMENT BIEN PRÉSENTER SON PROJET ?

## Connaître son projet d'investissement dans le moindre détail

Il s'agit tout simplement de maîtriser chaque détail du projet : prix, loyer annuel, rentabilité nette, document d'investissement. Aucun détail ne doit être négligé ou sous-estimé : ce qui vous semble secondaire aujourd'hui deviendra peut-être décisif le jour de votre rencontre avec le banquier.

## Se comporter en gentleman investisseur

Imaginez que vous ayez à recruter un futur collaborateur. Lire le CV des candidats ne suffit pas, vous avez besoin de les rencontrer lors d'un entretien.

Pour votre demande de prêt à un banquier, c'est pareil. La décision du banquier de vous prêter (ou pas…) est prise sur des critères objectifs, comme les éléments chiffrés du projet et de votre situation personnelle, ainsi que nous l'avons vu. Mais le banquier s'appuie également sur des critères subjectifs. Par exemple, il sera attentif à votre manière d'être, votre conviction et votre présentation. Tous ces éléments non verbaux vont influencer sa décision finale. Rappelons que le non-verbal, qui représente plus de 80 % de la communication, se réfère à l'intonation de la voix, au regard, à la position du corps et à la gestuelle.

## Gagner « subtilement » la confiance de son banquier

Gardez à l'esprit qu'un banquier est avant tout un professionnel de la finance, qui préfère être confronté à un autre professionnel. Selon votre situation, gagner sa confiance n'est pas forcément une évidence.

Le secret consiste tout simplement à se mettre à sa place : imaginez qu'une personne vous demande de lui prêter une partie de vos économies, nombre de questions de bon sens à poser à votre interlocuteur vous viendront très vite à l'esprit.

Un banquier est inquiet par nature, il faut donc le rassurer. Pour ce faire, maximisez l'information positive à votre disposition pour lui donner envie de soutenir votre projet. Cela ne signifie pas que vous travestirez les points faibles du projet (un projet n'est jamais parfait), au contraire, vous devez les avoir identifiés et procéder avec lui à une analyse des risques. Vous gagnerez ainsi son écoute et sa confiance.

## Avoir une confiance inaltérable en soi et son projet

Avoir foi en soi et en son projet est une condition essentielle, bien que totalement subjective, qui appuie l'acceptation de votre dossier, même si certains éléments financiers sont sujets à discussion ou constituent une faiblesse.

Exposez à votre banquier votre projet d'investissement de manière synthétique et percutante, soyez dynamique et donnez du rythme à votre présentation. De votre capacité à inspirer la confiance dépend votre crédibilité. Montrez-lui votre enthousiasme avec assurance. Si vous croyez en vous et votre projet, votre banquier y croira également.

**LE BON CONSEIL**

Afin d'acquérir l'assurance nécessaire, n'hésitez pas à vous entraîner devant votre entourage ou devant un miroir pour corriger les défauts de votre présentation. Au final, vos réponses doivent venir le plus naturellement possible et être en cohérence avec votre réponse non verbale.

# 6. AFFRONTER SON BANQUIER SEUL OU SOUS-TRAITER CETTE PHASE À UN COURTIER ?

Attention, la réponse à cette question vaut plusieurs dizaines de milliers d'euros.

Dès qu'on cherche un financement, le cahier des charges idéal est le même pour tous : bénéficier des meilleures conditions en passant le moins de temps possible à leur recherche. Pour maximiser ces deux éléments, la solution la plus simple consiste à recourir à un courtier. Pour information, 30 % des emprunteurs immobiliers de la région parisienne font appel à des courtiers, contre 25 % en province. Le courtage en prêt immobilier est donc devenu une option prisée.

Les courtiers sont, depuis quelques années, de véritables partenaires pour les banques de dépôt, ce qui n'a pas toujours été le cas. Les banques ont aujourd'hui compris qu'elles pouvaient gagner de nouveaux clients à moindre frais grâce aux courtiers, puisque ce sont eux qui se chargent du montage des dossiers. Rappelons que le crédit immobilier n'est qu'un produit d'appel pour les banques, qui cherchent surtout à vendre d'autres produits bancaires et dérivés (assurance habitation, alarme...).

Voyons maintenant les nombreux avantages à passer par un courtier :

**Le temps nécessaire pour trouver un financement est fortement réduit,** car vous n'avez que le courtier et la banque sélectionnée à rencontrer. Le courtier ne vous vend pas qu'un taux, il vous offre un service en prenant à sa charge le suivi de votre dossier, ce qui représente un gain de temps non négligeable.

**Les conditions d'octroi du prêt sont plus intéressantes que celles que vous pourriez trouver tout seul**. Supposez qu'un grossiste veuille acheter plusieurs centaines d'exemplaires d'un même produit, il va automatiquement en négocier le prix d'achat. Le courtier, en tant qu'apporteur d'affaires à la banque, va lui aussi demander les meilleures conditions de taux de crédit, tout comme un grossiste et au contraire du particulier qui ne peut rivaliser.

Au-delà du taux, **le courtier peut aussi négocier plus facilement la suppression de la clause de remboursement anticipé**, par exemple.

Contrairement à un particulier traitant avec son conseiller bancaire, le courtier traite directement avec le siège des banques. Habitué à répondre aux requêtes des analystes de chacune, **le courtier obtient plus rapidement de réponses concernant ses demandes de prêts**.

Le courtier est un spécialiste du crédit immobilier, donc il est rompu aux techniques liées à ce produit, bien plus que certains conseillers bancaires. **Le courtier est en mesure de vous proposer des montages financiers très intéressants adaptés à votre situation personnelle**, tel le montage à deux lignes de prêt.

**Le courtier est en général beaucoup plus disponible qu'un conseiller bancaire**, souvent 6 jours sur 7, mais aussi le soir.

**Également courtier en assurance, il peut vous proposer une délégation d'assurance obligatoire (décès, invalidité) bien meilleure marché**, personnalisée en fonction de votre âge, par exemple.

En passant par ce type de professionnels, vous ferez de substantielles économies sur votre demande de prêt, jusqu'à quelques dizaines de milliers d'euros si votre projet est conséquent.

**EN PRATIQUE**

Alexandre avait obtenu un prêt négocié en 2009 à 4,90 % sur 20 ans. Début 2016, il négocie avec sa banque et obtient un taux de 2,84 % sur les 150 000 € restants à rembourser. Il contacte aussi son courtier, et celui-ci lui propose un taux de 1,83 %, taux qu'il a obtenu dans la même banque ! La différence représente plus de 11 000 €.

Le processus, lorsqu'on passe par un courtier, se décompose en 6 étapes :

1. Signature d'un mandat qui donne au courtier l'autorisation d'utiliser vos informations personnelles, mais également de négocier à votre place un crédit immobilier et/ou une assurance auprès des banques et des compagnies d'assurance.
2. Constitution du dossier avec toutes les pièces nécessaires.

3. Analyse avec le courtier, quelques jours plus tard, des retours des banques.
4. Rencontre de la banque sélectionnée.
5. Signature de l'offre de prêt quelques semaines plus tard.
6. Paiement du courtier au moment de l'acte notarié : environ 1 % du capital emprunté avec un plafond à 2 000 €. La moyenne des frais payés à un courtier est de l'ordre de 950 €.

**LE BON CONSEIL**

Pour éviter que votre dossier reste bloqué, évitez de solliciter deux courtiers en même temps.
Les frais de courtage ne coûtent pas plus cher que les frais de dossier demandés par les banques. Même s'il est possible de négocier ces derniers, l'économie que génère l'assistance d'un courtier représente une somme bien plus importante.

Vous l'avez compris, notre expérience nous pousse à vous conseiller de passer par un courtier pour gagner de l'argent et du temps. Ceci dit, n'oubliez pas de mettre quand même en œuvre tous les conseils donnés pour préparer votre dossier et soigner votre présentation, car le courtier est lui aussi un professionnel de la finance. Il ne s'investira pas dans un dossier dont il a l'intuition qu'il ne passera pas.

Maintenant, si vous ne souhaitez pas passer par un courtier pour votre projet immobilier, peut-être le ferez-vous une autre fois. Vous souvenez-vous d'Olivier et Sophie (voir encadré p. 203) ? Grâce à un dossier irréprochable, ils ont obtenu un prêt pour financer l'achat d'une maison avec quatre chambres à louer. Nous avons omis de vous donner un détail : ils ont d'abord essuyé trois refus des banques, et c'est finalement un courtier qui leur a trouvé le financement : il faut toujours persévérer.

Chapitre 8

# ET MAINTENANT, **COMMENT RÉUSSIR** LA LOCATION DE **SON BIEN ?**

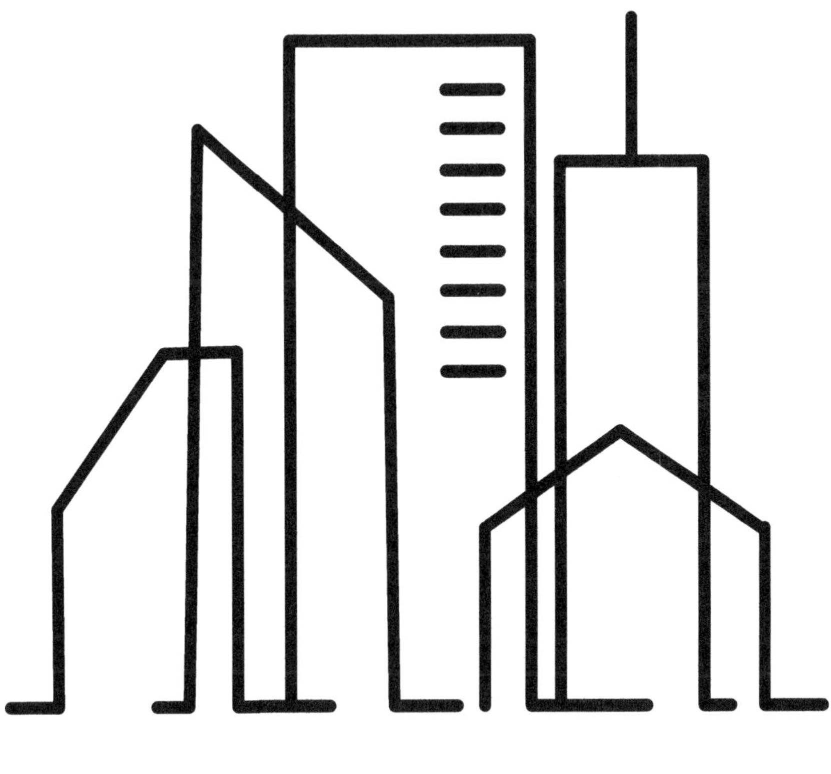

Vous avez obtenu votre prêt immobilier, vous avez signé un acte authentique chez le notaire et vous voilà l'heureux propriétaire de votre tout nouveau bien. Cependant, l'histoire n'est pas finie ! Vous avez franchi une première grande étape, mais vous êtes maintenant au début d'une nouvelle aventure.

En effet, vous allez devoir trouver un locataire. N'oubliez pas que vous avez contracté un emprunt bancaire qu'il vous faut rembourser, et que c'est le locataire que vous allez trouver qui va vous y aider.

La question que vous vous posez est sans nul doute : comment faire pour trouver un bon locataire ? Une fois encore, vous suivrez méthodiquement un certain nombre de prérequis pour mettre le maximum de chances de votre côté. Même si le projet de chacun est différent, si les objectifs et les situations divergent, la rigueur est de mise pour tous. Pour réussir cette étape, appliquez systématiquement les astuces, techniques et méthodes que nous allons vous donner.

Afin de rentabiliser votre investissement immobilier et d'éviter les pertes induites par les périodes de vacance locative, votre principal objectif est de trouver un bon locataire rapidement. Il s'agit non seulement d'agir vite, mais surtout de choisir un candidat fiable qui investira le logement dans la durée et paiera son loyer régulièrement.

## 1. LES 5 ASTUCES POUR TROUVER UN LOCATAIRE PLUS RAPIDEMENT

### Rendez votre bien le plus attirant du quartier

Même si votre bien se situe dans un quartier vivant et attrayant, il ne se démarquera qu'à la condition de constituer **la** bonne affaire du moment et du marché.

Une fois analysés les prix pratiqués dans l'environnement direct de votre bien pour des logements de même type, **prenez le parti de fixer un loyer légèrement inférieur aux prix pratiqués**. Cela fait ressortir votre offre parmi les dizaines d'autres et vous permet d'attirer de nombreux candidats enclins à rester plus longtemps pour profiter de ce bon plan.

Si vous louez le bien meublé, pensez à en soigner l'aménagement. Sans dépenser une fortune, il est assez facile de coller aux standards actuels attendus par les locataires. Raisonnez « fonctionnel et bon marché ». Démarquez-vous en proposant un bien « prêt à vivre » avec un équipement premium (lave-linge, lave-vaisselle, Internet, TV, abonnement Netflix...).

Mieux vous répondez aux besoins des futurs locataires, plus facile est l'opportunité d'en trouver un. C'est un peu comme à la pêche : plus votre hameçon est attirant et votre appât adapté au poisson à attraper, meilleures sont vos chances de ne pas rentrer bredouille à la maison.

**À SAVOIR**

Il est important de créer chez votre futur locataire un effet coup de cœur. Pour ce faire, il faut proposer un aménagement intérieur qui soit vraiment étudié et qui mette en évidence les points forts de votre bien tout en en gommant les petits défauts. Par exemple, pensez à utiliser des miroirs pour donner du volume à un logement qui n'en a pas beaucoup. Apportez une attention toute particulière à l'éclairage : un bon éclairage crée une ambiance susceptible de déclencher l'effet coup de cœur. Il faut essayer de voir son bien de manière un peu différente, un peu décalée, tout en préservant absolument les aspects fonctionnels qui sont indispensables. Si vous n'arrivez pas à le faire, vous pouvez vous faire assister d'un *home stager* ou d'un décorateur d'intérieur.

## Valorisez votre bien sur Internet

Dans le cadre d'une recherche de locataires, **Internet est incontournable : il donne une bonne visibilité à votre offre de location**.

Créez une fiche en ligne présentant votre bien immobilier, en prenant le temps d'en soigner la description, de remplir tous les champs et, surtout, d'y adjoindre plusieurs photos de qualité. Plus celles-ci sont lumineuses et de bonne résolution, plus les locataires peuvent s'y projeter et désirent le visiter. Ne faites pas l'économie d'un photographe si vous ne vous sentez pas en mesure de produire un rendu professionnel.

Mettez toujours en avant les points positifs de votre bien, tant dans la description que par le biais des photos. Pensez aussi à vanter l'environnement si vous sentez que cet élément peut avoir de l'importance pour la catégorie de locataires que vous recherchez. Par exemple, si votre locataire cible est une famille, précisez la proximité des établissements scolaires.

Choisissez aussi de mettre vos annonces sur des sites ayant une bonne notoriété (www.leboncoin.fr, par exemple). Ne choisissez pas des sites trop confidentiels : ils vous demanderont autant de travail, mais leur retour sur investissement sera nettement inférieur.

## Utilisez les annonces inversées pour sélectionner le bon locataire

Les annonces inversées, nouveau concept internet, vous feront gagner un temps significatif pour sélectionner des locataires pertinents.

Les sites d'annonces inversées (www.locatme.fr, ou www.cherchemonnid.com par exemple) proposent, une fois l'annonce de votre bien immobilier mise en ligne, de vous présenter une sélection affinée de candidats correspondant exactement à vos critères. Vous n'avez alors plus qu'à contacter en toute confiance (et ce gratuitement) cette poignée de locataires ciblés et certifiés qui répond exactement à vos exigences.

Dérivé des algorithmes de matchmaking auxquels les sites de rencontres ont largement recours, **ce concept a pour but de mettre en exergue le maximum d'affinités entre un propriétaire et des locataires en s'appuyant sur les caractéristiques du bien immobilier**.

## Demandez un dossier locatif complet

Pour ne pas vous tromper dans le choix de votre locataire et apprécier sa fiabilité, vous devez **constituer un dossier locatif comprenant le plus d'éléments possible**. Réclamez ainsi aux candidats tous les documents autorisés par la loi.

Établissez au préalable la liste précise de ces éléments : bulletins de salaire, dernier avis d'imposition, contrat de travail et pièce d'identité.

Les mêmes pièces peuvent être demandées à la personne qui va se porter caution du locataire.

Pour plus de sécurité, demandez aux candidats de venir avec les originaux de ces documents lors de leur visite du logement : les photocopieuses et autres logiciels de retouche étant très performants, il est essentiel que vous puissiez vérifier la cohérence et la véracité des informations fournies en comparant originaux et photocopies.

**ATTENTION**

Restez dans la légalité en ce qui concerne les pièces demandées, car la loi du 6 juillet 1989 (article 22-2) interdit de demander certains documents au locataire, par exemple :

- une photographie d'identité, hors celle de sa pièce justificative d'identité ;
- sa carte Vitale ;
- une copie du relevé de son compte bancaire ou postal ;
- une attestation de bonne tenue de son compte bancaire ou postal ;
- une attestation d'absence de crédit en cours ;
- une autorisation de prélèvement automatique ;
- l'attestation de son précédent bailleur indiquant qu'il est à jour de ses loyers et charges, dès lors qu'il a présenté d'autres justificatifs ;
- une attestation de son employeur, dès lors qu'il a fourni son contrat de travail et ses derniers bulletins de salaire ;
- un contrat de mariage ou un certificat de concubinage ;
- un livret de famille ;
- un chèque de réservation du logement ;
- son dossier médical personnel ;
- un extrait de casier judiciaire.

## Analysez la solvabilité des candidats

Pour que la relation entre votre locataire et vous soit profitable dans la durée, **privilégiez les candidatures financièrement « stables »**. Ce que vous voulez, c'est un locataire qui paye son loyer, sans retard, et dont la situation générale vous incite à penser que la location connaîtra peu de bouleversements au cours du bail.

Prêtez une attention particulière à la situation professionnelle des candidats en vous assurant qu'ils, ou leurs garants, gagnent au minimum trois fois le loyer demandé. Pour vous aider, vous trouverez en annexe un document précieux listant les 24 critères fondamentaux (p. 252) à vérifier lors de la sélection du dossier.

En conclusion, trouver un locataire n'est pas seulement une course contre la montre pour rentabiliser son investissement au plus vite : la qualité des profils sélectionnés est tout aussi primordiale, surtout si vous souhaitez pérenniser votre relation locative et conserver un locataire le plus longtemps possible. Grâce aux astuces que nous vous donnons, vous pourrez éviter les coûteuses vacances locatives et rendrez votre investissement immobilier rapidement rentable.

Maintenant que vous connaissez les éléments vous permettant de juger de la solvabilité des candidats, nous vous proposons d'être attentif au « sérieux » des candidats, ce qui passe par une observation fine du comportement des futurs locataires durant toutes les étapes du processus de sélection.

## 2. LES 10 ASTUCES REDOUTABLES POUR CHOISIR LE BON LOCATAIRE

**L'observation démarre dès le premier contact** :

1. Privilégiez les candidats qui téléphonent à ceux qui envoient un mail.
2. Prêtez attention à la manière dont s'expriment les candidats et à leur politesse :
   - respect de votre temps de parole ;
   - écoute de vos réponses ;
   - rappel rapide après un message laissé sur la boîte vocale (qui diffuse un message et/ou une musique neutre).
3. Prêtez attention aux éléments de leur motivation :
   - la fixation de la date du rendez-vous ;
   - la pertinence de leurs questions (charges, environnement, DPE, taxe d'habitation...) ;
   - la durée prévisionnelle de location souhaitée (2 mois et 2 ans, ce n'est pas la même chose !).

**L'observation se poursuit lors de la rencontre durant la visite du bien** :

4. Accordez de l'importance à la ponctualité des candidats et au fait qu'ils préviennent en cas de retard.
5. Soyez attentif à leur tenue vestimentaire (l'habit ne fait pas le moine, mais quand même !).
6. Pour les candidats jeunes, privilégiez ceux qui sont accompagnés de leurs parents.
7. Prenez en compte le temps passé à visiter le bien. Une visite faite à la hâte n'est pas bon signe, car synonyme de locataire prêt à prendre n'importe quel bien.
8. Abordez le sujet de l'activité professionnelle pour en tenir compte dans le choix des dossiers (régularité des revenus, ancienneté dans le poste, CDD, CDI...).
9. Accordez un crédit favorable aux candidats présentant un dossier complet.
10. Privilégiez les candidats recommandés par une connaissance.

Quoi qu'il en soit, **ne pratiquez aucune discrimination** quant à la religion, la race, l'opinion politique, les mœurs ou le sexe du candidat. Même si vous êtes libre de votre choix, celui-ci ne doit pas être motivé par ces critères, officiellement, sous peine de poursuites pénales. Le locataire devra toutefois prouver qu'il a été victime d'une telle discrimination. Sachez que la loi de modernisation sociale du 17 janvier 2002 a renforcé les droits du locataire de locaux d'habitation ou à usage mixte. Le propriétaire ne peut refuser la location à une personne en raison de son origine, son patronyme, son apparence physique, son sexe, sa situation de famille, son état de santé, son handicap, ses mœurs, son orientation sexuelle, ses opinions politiques, ses activités syndicales, son appartenance – vraie ou supposée – à une ethnie, une nation, une race ou une religion déterminée.

Pour fiabiliser la qualité du dossier de vos candidats locataires, vous avez encore la possibilité de le **sécuriser en exigeant une caution dite « solidaire »**. Il s'agit de l'engagement pris par un membre de sa famille, par exemple, de payer le loyer en cas de défaillance du locataire. Vous récupérez ainsi l'intégralité de la dette grâce à cette caution.

La caution solidaire n'est pas une obligation, mais demander un engagement de caution dès la première visite, avec toutes les pièces justificatives démontrant la solvabilité de la personne qui s'engage, s'avère souvent pertinent.

**À SAVOIR**

Si vous avez souscrit une assurance garantie contre les loyers impayés (GLI), vous ne pourrez pas demander de caution solidaire.
Si vous n'avez pas de GLI, l'alternative consiste à souscrire une assurance garantie des risques locatifs (GRL), qui vous permet d'obtenir :
- une assurance sur les loyers impayés pour des locataires présentant des garanties insuffisantes ;
- le remboursement des frais consécutifs aux dégradations occasionnées par le locataire ;
- la prise en charge des frais de justice pour recouvrer les loyers.

Attention, pour bénéficier de la GLI, certaines conditions sont requises. Le logement doit :
- être loué vide ou meublé dans le parc privé ;
- se situer sur le territoire français ;
- être occupé à titre de résidence principale par son locataire ;
- afficher un loyer mensuel inférieur ou égal à 2 000 € à la date de la souscription initiale du contrat.

Par ailleurs, la GRL ne couvre pas :
- un logement qui n'appartient ni à une personne physique, ni à une société civile immobilière familiale faisant l'objet d'une convention APL, sauf si cette convention a été signée avec l'Agence nationale de l'habitat (Anah) ou à l'occasion de l'octroi d'une aide de l'Anah ;
- une sous-location ;
- un bail commercial, rural ou professionnel (sauf en cas de bail mixte pour la seule partie destinée à l'habitation et ses annexes).

Il existe également des conditions relatives au locataire. Pour savoir si vous pouvez prétendre à cette GRL, nous vous conseillons de vous rapprocher des compagnies d'assurance qui ont adhéré à ce dispositif.

Maintenant que vous avez choisi votre locataire, il est important d'établir avec lui de bonnes relations.

## 3. UNE MÉTHODE EFFICACE POUR PÉRENNISER LES RELATIONS AVEC SON LOCATAIRE

Il est essentiel de faire connaissance avec votre locataire et d'instaurer avec lui de bonnes relations. Pour quoi faire, pensez-vous, tant que le loyer est payé ? Eh bien justement, c'est là tout l'enjeu : faire en sorte que ce qui est dû soit payé en temps et en heure. Il est donc essentiel de fixer les règles du jeu très clairement dès le départ.
Pour ce faire, appliquez la **méthode RAP** : **R**assurer, s'**A**ffirmer, **P**erformer.

### Rassurez

Il est fondamental que votre locataire (ou son représentant dans le cas d'un local commercial) voit en vous un **propriétaire sérieux, présent** et **disponible** si le besoin s'en fait sentir, et à l'écoute. Il faut humaniser votre relation et instaurer un climat de confiance. Le locataire ne doit pas vous considérer comme un simple investisseur dont l'unique objectif est de se constituer un patrimoine, et ce, à tout prix et sans état d'âme. Si vous réussissez à établir cette relation de confiance, la gestion locative de votre bien en sera facilitée. De plus, il est bien plus simple d'aborder certains sujets (mêmes conflictuels), si vous avez confiance en votre interlocuteur, et vice-versa.

### Affirmez-vous

Cela étant dit, ne tombez pas dans l'excès inverse en devenant trop « souple » avec votre locataire. Il est tout aussi important de vous faire respecter dès le début de la relation avec votre locataire, qu'il s'agisse d'un particulier ou d'une société : par exemple, s'il est convenu dans le bail que le loyer doit être payé le 15 de chaque mois, cela signifie que ce n'est pas le 16, encore moins le 17. « Les bons comptes font les bons amis », cet adage vaut dans les affaires. Il est aussi utile de rappeler à votre locataire les événements importants de l'année : appels de fonds, régularisation des charges... De votre côté, ayez toujours un comportement irréprochable.

### Performez

Astreignez-vous à une gestion rigoureuse, ce qui renforce votre crédibilité et votre position en cas de négociation. Si vous n'avez rien à vous reprocher, vous arriverez toujours en position de force lors d'une négociation. Pour ce faire, nous vous conseillons d'envoyer régulièrement les avis d'échéance et les quittances de loyer : non seulement cela prouve votre sérieux mais cela facilite également la gestion de votre comptabilité. Si vous envoyez régulièrement ces documents officiels – de même que les appels de fonds, quand il y en a –, vous n'aurez aucun mal à tenir une comptabilité efficace.

Maintenant que vous connaissez notre méthode, charge à vous de vous rôder en l'appliquant. Au-delà de cette méthode, il vous reste encore quelques éléments à connaître concernant la gestion locative, que nous allons maintenant aborder.

## 4. LA GESTION LOCATIVE, DE QUOI S'AGIT-IL ?

**En tant que propriétaire d'un bien immobilier mis en location, vous avez un certain nombre de devoirs.**

Le propriétaire doit s'occuper du bail, fournir les quittances de loyer à son locataire et tenir ses comptes, notamment pour le calcul des revenus locatifs et leur déclaration. Il est à noter que l'ensemble de ces pièces doivent être numérisées depuis avril 2020 (application de la loi ELAN).

Le propriétaire a parfois à gérer certains litiges avec son locataire ou avec d'autres propriétaires dans le cadre d'une copropriété (dégât des eaux, par exemple).

Le propriétaire a également en charge l'entretien du logement et la réalisation de certains travaux (en fonction du type de logement mis en location). Dans le cas d'une copropriété, le périmètre s'élargit aux parties communes (de la cage d'escalier jusqu'à la clôture et la toiture). Si le bien se trouve dans une résidence, un immeuble ou un lotissement, sa présence est nécessaire aux assemblées générales qui se tiennent souvent en soirée. En outre, l'une de ses missions consiste à étudier les devis et à négocier avec les prestataires s'il doit réaliser des travaux de rénovation.

Que se passe-t-il si le ballon d'eau chaude rend l'âme alors que vous êtes en vacances à l'étranger ? Écourterez-vous votre séjour ? Demanderez-vous à vos enfants ou vos amis de prendre le relais d'urgence ? Dans tous les cas, vous serez bien ennuyé…

À ce stade, deux solutions s'offrent à vous :

1. Vous déléguez la gestion locative de votre bien immobilier.
2. Vous réalisez vous-même la gestion locative de votre bien immobilier.

## Vous déléguez la gestion locative de votre bien

Pour vous aider à gérer votre bien locatif, vous pouvez faire appel à un professionnel qui va se charger de tout. Il faut néanmoins trouver le bon professionnel auquel confier cette mission. Il peut s'agir :

- d'un agent immobilier indépendant ou appartenant à une franchise, telle la FNAIM ;
- d'un gestionnaire de biens généraliste ou spécialisé dans un domaine ;
- d'un notaire.

Les deux premiers présentent l'avantage de disposer d'un vaste réseau de prestataires ; ils sont donc susceptibles de négocier des tarifs intéressants lors de la réalisation de gros ou petits travaux.

Pour trouver l'expert adéquat, n'hésitez pas à mettre ces professionnels en concurrence en demandant plusieurs devis, de façon à obtenir une baisse de tarif. La gestion locative immobilière étant un service et ces professionnels n'étant pas des philanthropes, elle a un coût – environ 7 % des revenus locatifs –, ce qui peut être un frein. Si vous êtes un fin négociateur (ce que vous êtes, puisque vous avez lu et bien compris le chapitre 5 sur la négociation), vous intégrerez tout ou partie de ce coût dans le loyer pour le faire supporter par le locataire. Cette commission, si vous la prenez à votre charge, grève vos revenus locatifs, donc la rentabilité de votre bien.

Avant de signer un mandat de gestion locative, assurez-vous que tous les actes de gestion décidés pour le tarif négocié y sont bien consignés.

En effet, il n'est pas rare que certains actes soient facturés en plus, ne serait-ce que la rédaction du bail, les quelques centaines d'euros supplémentaires changeant la donne pour un propriétaire qui doit rembourser son crédit avec juste le loyer perçu.

En choisissant de déléguer la gestion locative de votre bien, vous transférez votre autorité à un spécialiste de l'immobilier et vous gagnez :
- du temps ;
- de la tranquillité d'esprit ;
- un bon locataire ;
- des revenus locatifs potentiellement supérieurs s'ils sont bien négociés dès le début ;
- la défense de vos intérêts auprès des tiers par une personne de confiance.

Si l'investissement locatif consiste pour vous à vivre sereinement, et que vous n'êtes pas réfractaire à ce qu'un pourcentage raisonnable de vos revenus locatifs soit utilisé pour accéder à cette tranquillité d'esprit, la gestion locative déléguée à un professionnel est la solution adéquate.

## Vous réalisez vous-même la gestion locative de votre bien

La seconde solution consiste à réaliser vous-même la gestion locative de votre bien, ce qui va vous demander un investissement personnel plus conséquent, mais aussi alléger le coût de la gestion locative, sauf à considérer que votre temps est très précieux.

En la matière, Internet peut vous faciliter la tâche. En effet, bon nombre de logiciels ou de sites en ligne proposent des solutions assez simples d'utilisation destinées à simplifier cette gestion. Par exemple : www.logeva.com et www.rentila.com.

Une fois que vous y avez renseigné les données concernant votre bien immobilier, ces sites vous envoient des alertes automatiques mensuelles pour vous rappeler de réaliser les avis d'échéance et les quittances de loyer. Mieux, certains sont même programmés pour générer automatiquement ces avis et quittances.

Quoi qu'il en soit, la gestion locative de votre bien immobilier n'est pas si difficile dès lors que vous êtes organisé et que vous vous appuyez sur les sites précédemment cités.

**À SAVOIR**

Pensez à demander à votre locataire une attestation d'assurance du bien que vous lui avez confié, afin de vous couvrir votre responsabilité en cas de problème.

Si vous disposez d'un bien commercial, votre locataire a certainement signé un bail commercial 3-6-9, ce qui vous exempte de recherches incessantes de locataire, quand c'est le cas pour une location saisonnière par exemple. La gestion locative est donc ici plus complexe.

## Les 4 incontournables d'une bonne gestion des biens en location

Ce sont :

1. L'envoi mensuel des avis d'échéance.
2. L'envoi mensuel des quittances (après avoir vérifié que vous avez bel et bien été payé).
3. La gestion des charges locatives.
4. La revalorisation annuelle du loyer.

## Les charges locatives

Dans le cadre d'un contrat de location, le propriétaire (bailleur) doit payer les charges, soit auprès de la copropriété, soit directement aux créanciers s'il n'y a pas de copropriété. La répercussion des charges sur le locataire se fait dans la majorité des cas sous la forme d'une provision sur charges (= avance sur charges), qui est ensuite régularisée en fonction de ce que le propriétaire a réellement payé.

Les **charges** peuvent être facturées au locataire sous plusieurs formes, au choix :

- **Provision sur charges ou avance sur charges** : les charges seront régularisées au moins une fois par an sur présentation d'un justificatif du bailleur.
- **Charges forfaitaires** : le montant est défini à la signature et ne peut être ajusté, ni dans un sens ni dans l'autre.
- **Loyers tout compris** : les charges n'apparaissent pas.

Les charges à imputer au locataire sont les **charges récupérables** (le décret n° 87-713 du 26 août 1987, accessible sur le site Légifrance, en donne la liste exhaustive). Voici les huit charges récupérables les plus importantes :

1. Ascenseurs et monte-charge (électricité, entretien courant…).
2. Eau froide, eau chaude et chauffage collectif des locaux privatifs et des parties communes (consommation, entretien courant, menues réparations…).
3. Installations individuelles (chauffage et production d'eau chaude, distribution d'eau dans les parties privatives).
4. Parties communes intérieures au bâtiment ou à l'ensemble des bâtiments d'habitation (entretien, tapis…).
5. Espaces extérieurs au bâtiment ou à l'ensemble des bâtiments d'habitation (voies de circulation, aires de stationnement, abords et espaces verts, aires et équipements de jeu).
6. Hygiène (produits d'entretien, élimination des rejets).
7. Équipements divers du bâtiment ou de l'ensemble des bâtiments d'habitation (interphones, codes…).
8. Impositions et redevances (droit au bail, taxe d'enlèvement des ordures ménagères, taxe de balayage).

## La revalorisation du montant du loyer

Durant la vie de votre bien, vous pouvez modifier le montant du loyer. Attention cependant, cette action est encadrée et tout n'est pas permis. Il existe plusieurs indices calculés et publiés par l'Insee, qui vous serviront de base pour le calcul de la revalorisation du loyer. Citons, par exemple :

- l'IRL, indice de référence des loyers, qui concerne les locations d'habitation nues ou meublées ;
- l'ILC, indice des loyers commerciaux ;
- l'ILAT, indice des loyers des activités tertiaires.

La révision d'un loyer est une décision qui vous incombe en tant que propriétaire, à condition que le bail signé avec votre locataire le prévoit. Cette révision se fait à la date précisée dans le contrat de location ou, à défaut, à sa date anniversaire. Vous devez envoyer un courrier informant votre locataire de la hausse à venir, et il est de bon ton que vous la spécifiez aussi, explicitement, dans l'avis d'échéance concerné.

Pour résumer, disons que la gestion locative n'est pas la partie la plus complexe de votre aventure immobilière. Elle requiert toutefois, comme pour chacune des étapes du parcours, une grande rigueur, gage de professionnalisme et de tranquillité financière, ainsi que l'acquisition de quelques notions fondamentales.

Nous allons maintenant aborder un point bien moins réjouissant de votre aventure d'investisseur immobilier, puisqu'il s'agit de la fiscalité.

Chapitre 9

# APPRÉHENDER LA FISCALITÉ DES BIENS IMMOBILIERS

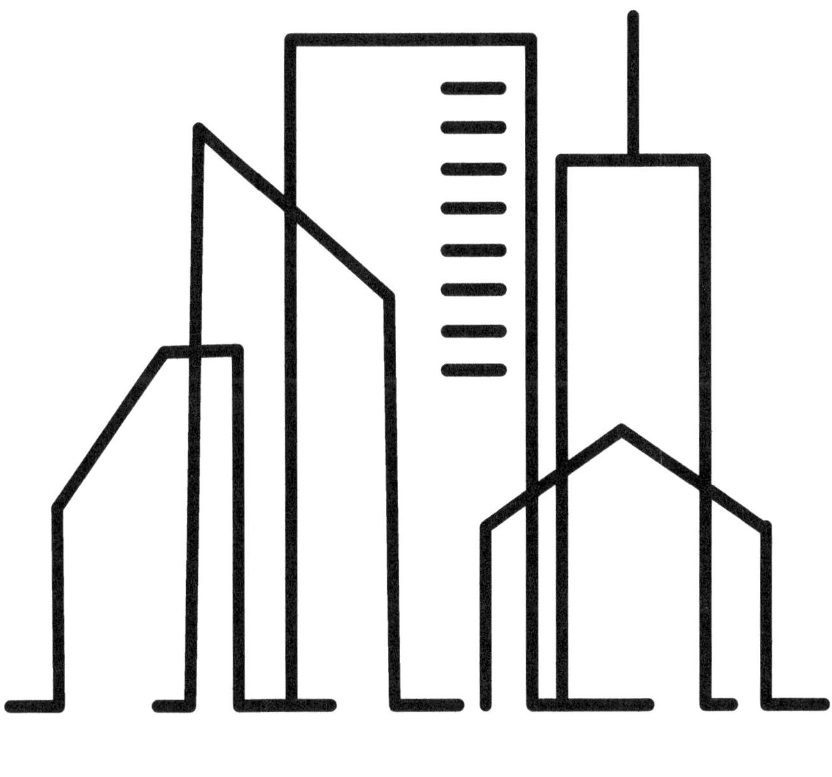

L'objet de ce chapitre est de livrer les clés de compréhension de la fiscalité des biens immobiliers, et ce dans le cas le plus général, de celui des biens d'habitation nue ou meublée. Certains investissements traités au chapitre 2 disposent d'une fiscalité propre, pour lesquels il est important d'être accompagné d'un professionnel, si l'on veut optimiser la rentabilité de son projet.

# 1. LES SUBTILITÉS LIÉES À LA NOTION DE TAUX DE RENDEMENT

Avant d'aller plus loin, il est nécessaire de bien comprendre les différentes définitions du taux de rendement. Nous en distinguons trois types : le taux de rendement brut, le taux de rendement net et le taux de rendement net-net.

## Le taux de rendement brut

Il s'obtient par la formule suivante :

$$\text{Taux de rendement brut} = \frac{\text{Loyer annuel}}{\text{Prix d'achat du bien + Frais d'agence + Frais de notaire}} \times 100$$

**EN PRATIQUE**

Dans le cas d'un studio dont le coût d'achat est 150 000 €, qui dégage un loyer de 1 000 €/mois, en prenant en compte des frais d'agence de 4 % et des frais de notaire de 7 %, le rendement brut s'élève à :

$$\frac{12 \times 1\,000}{150\,000 + 6\,000 + 10\,500} \times 100 = 7{,}2\ \%$$

## Le taux de rendement net

Le taux de rendement net s'appuie sur le taux de rendement brut duquel on retranche toutes les charges et taxes (dont la taxe foncière), les frais de gestion et les éventuelles vacances locatives que nous nommerons « frais annuels ».

$$\text{Taux de rendement net} = \frac{\text{Loyer annuel} - \text{Frais annuels}}{\text{Prix d'achat du loyer} + \text{Frais d'agence} + \text{Frais de notaire}} \times 100$$

> **EN PRATIQUE**
>
> Dans le cas du studio de l'exemple précédent, le taux de rendement net sera au mieux de 6,3 %, sachant que l'on suppose qu'il n'y a pas de frais de gestion, ni de vacances locatives, et que nous avons estimé la taxe foncière et les charges à 1 500 € :
>
> $$\frac{(12 \times 1\,000) - 1\,500}{150\,000 + 6\,000 + 10\,500} \times 100 = 6{,}2\ \%$$

## Le taux de rendement net-net

**Le taux de rendement net-net est le taux de rendement qu'il faut absolument évaluer avant tout investissement** car, en plus d'intégrer les frais évoqués précédemment, il tient compte de la fiscalité propre à l'investisseur.

$$\frac{\text{Loyer annuel} - \text{Frais annuels} - \text{Impôts sur les revenus locatifs} - \text{Prélèvements sociaux}}{\text{Prix d'achat du bien} + \text{Frais d'agence} + \text{Frais de notaire}} \times 100$$

> **À SAVOIR**
>
> Pour évaluer le taux de rendement d'un bien immobilier, retenons qu'il faut s'attacher à bien évaluer le taux de rendement net-net. Pour calculer celui-ci, l'investisseur doit tenir compte de sa situation fiscale.

L'évaluation de l'impôt sur les revenus locatifs dépend du régime choisi par l'investisseur et de son taux marginal d'imposition. Nous allons donc voir les clés vous permettant de comprendre quelles conséquences aura votre fiscalité personnelle sur votre investissement immobilier et vice-versa.

# 2. QUELLE FISCALITÉ POUR LES LOCATIONS NUES ?

## Le régime des revenus fonciers

Les revenus tirés des locations nues constituent des revenus fonciers dont une partie est soumise à l'impôt sur le revenu.
Vous avez le choix entre deux régimes :
- le régime microfoncier ;
- le régime réel.

### Le régime microfoncier

Ce régime est accessible de plein droit aux contribuables percevant des revenus immobiliers. Ces revenus fonciers ne doivent pas excéder 15 000 €. Un abattement de 30 %, représentant un forfait de frais et charges est automatiquement appliqué.

Une fois l'abattement appliqué, l'administration fiscale intègre les 70 % de revenus locatifs restants à l'ensemble des autres revenus (salaires, par exemple). L'imposition se calcule alors sur l'ensemble de ces revenus.

**EN PRATIQUE**

- Vous n'aurez pas de déclaration particulière à effectuer. Il vous suffit de reporter le montant brut des loyers sur la déclaration des revenus n° 2042.
- Si vous choisissez ce régime, votre résultat foncier est nécessairement bénéficiaire. Il est intéressant que vous optiez pour ce régime, dès que le montant de l'abattement est supérieur aux charges et frais afférents à votre bien.

### Le régime réel

Dans ce régime, aucun abattement forfaitaire n'est appliqué, mais de nombreux frais peuvent être déductibles, parmi lesquels :

- les intérêts d'emprunt ;
- les assurances du prêt immobilier ;
- les frais de dossier bancaire pour le prêt immobilier ;
- les frais hypothécaires ou frais de cautionnement ;
- les frais de gestion locative ;
- les dépenses d'entretien ;
- les travaux de réparation ;
- la prime d'assurance propriétaire non-occupant ;
- la taxe foncière.

**ATTENTION**

Vous ne pourrez pas déduire :

- Les frais se rapportant à un logement vacant ou à un logement dont vous vous réservez la jouissance (résidence principale ou secondaire).
- Les travaux de construction ou d'agrandissement.
- Les travaux d'amélioration des locaux commerciaux ou professionnels.

Si, après déduction de tous les frais, le résultat foncier est positif, vous l'ajouterez à vos revenus annuels. Il sera ainsi soumis à l'impôt sur le revenu.

Si le résultat est négatif, celui-ci s'imputera sur votre revenu global et vous permettra de diminuer votre impôt sur le revenu. On parle alors de déficit foncier.

**EN PRATIQUE**

Vous serez tenu de remplir une déclaration de revenus fonciers (imprimé 2 044 ou 2 044 spécialement dédié aux régimes de type Pinel ou Borloo), qui fera état de vos divers revenus et charges foncières.

## Concrètement, comment procéder ?

Vous procéderez en deux étapes.

### 1re étape : calcul de la part de déficit dû exclusivement aux charges financières, reportable sur les revenus fonciers des 10 années suivantes

Techniquement, vous retirez en premier lieu des revenus fonciers (les loyers) les charges financières. Par charges financières, il faut comprendre les intérêts d'emprunt et tous les frais accessoires associés à ces emprunts pour l'acquisition du bien (frais de dossier, assurance décès invalidité, assurance chômage...), mais aussi les intérêts des emprunts contractés pour la réparation ou l'amélioration du bien.

- Si le résultat est positif, vous passez à l'étape 2.
- Si le résultat est négatif, ce déficit dû aux charges financières s'impute sur le revenu foncier des 10 années suivantes. Vous pouvez ensuite passer à l'étape 2.

### 2e étape : calcul de la part de déficit dû aux charges non financières imputable sur le revenu global, plafonné à 10 700 € par an

Plusieurs possibilités :

- Si le résultat était positif à l'étape 1, vous soustrayez de ce résultat le montant des charges non financières (charges d'exploitation et travaux) :
  - si le résultat est positif, alors il n'y a pas de déficit foncier ;
  - si le résultat est négatif, alors le déficit foncier est imputable sur le revenu global annuel plafonné à 10 700 € par an, le solde de ce déficit étant imputable sur les revenus fonciers des 10 années suivantes.
- Si le résultat était négatif à l'étape 1, la somme de toutes les charges non financières constitue un déficit non financier imputable sur le revenu global annuel plafonné à 10 700 € par an, le solde étant imputable sur les revenus fonciers des 10 années suivantes.

**ATTENTION**

Le déficit foncier (égal à la somme du déficit dû aux charges financières et aux charges non financières) est égal à la différence entre les revenus fonciers (les loyers) et l'intégralité des charges (financières et non financières).

Voici une application sur un cas concret en fonction des différentes configurations.

| Ligne | Type | Calcul | EXEMPLE 1 | EXEMPLE 2 | EXEMPLE 3 | EXEMPLE 4 | EXEMPLE 5 |
|---|---|---|---|---|---|---|---|
| L1 | Loyers | | 10000 | 10000 | 10000 | 10000 | 10000 |
| L2 | Charges financières | | 7000 | 7000 | 11000 | 11000 | 7000 |
| L3 | Charges d'exploitation (agence, taxe, ...) | | 2000 | 2000 | 2000 | 2000 | 2000 |
| L4 | Travaux de rénovation et amélioration | | 0 | 1500 | 6000 | 12000 | 12000 |
| L5 | Déficit foncier financier | = L1-L2 | 3000 pas de déficit | 3000 pas de déficit | -1000 reportable sur le déficit foncier | -1000 reportable sur le déficit foncier | 3000 pas de déficit |
| L6 | Déficit foncier non financier | =L5-L3-L4 ou 0-L3-L4 si L5 est négatif | 1000 pas de déficit | -500 reportable sur le revenu global | -8000 reportable sur le revenu global | -14000 10700 € reportable sur le revenu global | -11000 10700 € reportable sur le revenu global |
| | Déficit foncier total | =L1-L2-L3-L4 | 1000 | -500 | -9000 | -15000 | -11000 |

Ce mécanisme de déficit foncier est d'autant plus puissant que votre tranche d'imposition est élevée. En effet, si vous êtes dans la tranche marginale d'imposition de 41 %, le montant des revenus fonciers est alors taxé à 41 % (majorés des prélèvements sociaux de 17,2 %). Pour un déficit foncier de 10 700 €, l'économie d'impôt est donc de 4 387 €.

**Attention !** Lorsqu'un déficit a été déduit du revenu, le bien doit continuer à être loué, de manière effective et permanente pendant une durée de 3 ans, plus précisément jusqu'au 31 décembre de la troisième année qui suit l'année d'imputation du déficit sur les revenus.

**LE BON CONSEIL**

L'optimisation de la fiscalité de vos opérations est liée à votre situation personnelle et constitue un enjeu que tout particulier n'est pas forcément capable de maîtriser. Nous ne saurions trop vous conseiller de vous appuyer sur les conseils de votre notaire ou d'un expert-comptable pour trouver la stratégie la mieux adaptée à votre cas et vous aider à cerner toutes les charges financières et non financières.

# 3. QUELLE FISCALITÉ POUR LES LOCATIONS MEUBLÉES ?

## Le régime des bénéfices industriels et commerciaux (BIC)

Contrairement aux locations nues, où les recettes locatives sont déclarées en tant que revenus fonciers, les locations meublées font l'objet d'une fiscalité particulière. Les revenus locatifs doivent être déclarés dans la catégorie des bénéfices industriels et commerciaux (BIC). L'une des conséquences est que vous serez considéré comme une entreprise et que vous allez devoir satisfaire à des obligations comptables.

Selon votre situation, vous serez :
- soit LMNP, loueur en meublé non professionnel ;
- soit LMP, loueur en meublé professionnel.

Dans certains cas, vous pourrez être exonéré d'impôt sur les loyers perçus.

**ATTENTION**

Pour être considéré comme « meublé », un bien immobilier doit être équipé de tout l'ameublement et l'équipement nécessaire (voir chapitre 2). À défaut, le locataire peut intenter une action judiciaire et demander à bénéficier de la loi sur les locations nues.

## Le statut de LMNP

Avec ce statut, vous disposez de deux options :
- le régime du micro-BIC ;
- le régime réel.

### Le régime du micro-BIC

Cette option est la plus simple, car il s'agit de prendre en compte un simple montant. Dans le détail, le montant annuel des loyers et des charges perçus ne doit pas dépasser 72 600 € depuis janvier 2020. Notons que toutes ces sommes provenant du locataire sont des recettes.

Il vous suffit d'indiquer ce montant dans votre déclaration générale de revenus (n° 2042) à la rubrique « Bénéfices industriels et commerciaux ». L'administration fiscale applique ensuite un abattement forfaitaire de 50 %. Vous n'êtes donc imposé que sur la moitié de vos recettes, mais cette imposition dépend aussi de votre taux marginal d'imposition, donc du montant total de vos revenus.

En choisissant ce régime, soyez conscient que vous ne pourrez déduire aucune charge, telles que le coût des travaux, les intérêts d'emprunt, les réparations... L'intérêt de ce régime ne vaut donc que si les charges déductibles sont inférieures aux 50 % de l'abattement forfaitaire. Au-delà il est préférable de s'orienter vers le régime réel.

**À SAVOIR**

Vous pouvez passer au régime réel pour l'année pour laquelle vous souhaitez en bénéficier, si vous en faites la demande avant le 1er février de l'année concernée (avant le 1er février 2021 pour les loyers 2021). Cette option, valable 2 ans, est reconduite pendant 2 ans si vous ne la dénoncez pas avant le 1er février de l'année où vous souhaitez changer de régime.

### Le régime réel

Dès que vos recettes dépassent 72 600 € par an, vous pouvez choisir cette option. Le fonctionnement du régime réel est plus complexe que celui du micro-BIC puisque vous devez déclarer les montants réels des loyers et des charges, non un montant forfaitaire.

En pratique, vous déduisez une partie du prix du bien (y compris les meubles) de vos recettes locatives par un système d'amortissements. Votre imposition est donc allégée puisque vos recettes diminuent. Les charges déductibles des loyers perçus sont :

- les frais de notaire ;
- les frais de constitution de société ;
- les frais de gestion locative ;

- les frais d'assurance ;
- les impôts locaux ;
- les frais d'entretien et de réparation ;
- les intérêts d'emprunt ;
- l'amortissement des locaux ;
- l'amortissement du mobilier.

**LE BON CONSEIL**

Il n'est pas possible de déduire le prix d'achat du bien en tant que charge déductible, mais il est amorti en fonction de sa durée de vie. Si celle-ci est estimée à 50 ans, alors vous déduirez chaque année, pendant 50 ans, 2 % du prix du bien.
Le mobilier, quant à lui, se voit appliquer un amortissement allant de 5 à 10 ans, dont le taux est compris entre 10 et 20 % par an.

Ce régime, de par son mécanisme d'amortissements notamment, nécessite de tenir une comptabilité détaillée et rigoureuse. L'ensemble de votre bien est décomposé en différents éléments – terrain, gros œuvre, toiture, menuiseries, plomberie, électricité, meubles… –, chacun ayant sa propre règle d'amortissement (taux et durée).

Lorsque vous remplissez votre déclaration d'impôts n° 2033, celle-ci va comporter :
- un bilan ;
- un tableau des immobilisations ;
- un tableau des amortissements ;
- un relevé des provisions.

**LE BON CONSEIL**

Faites-vous assister par un expert-comptable pour éviter tout risque d'erreur ou d'oubli vis-à-vis de l'administration fiscale.

## Le cas particulier des locations saisonnières

Dès qu'un logement est mis en location saisonnière (votre résidence secondaire, par exemple), ne serait-ce que quelques semaines par an, les loyers perçus doivent être déclarés pour être soumis à l'impôt sur le revenu.

On distingue deux types de locations saisonnières :

- les locations saisonnières classiques ;
- les locations saisonnières dans des gîtes ruraux, les locations classées « meublés de tourisme » ou les chambres d'hôtes, en général des locations de courte durée.

**À SAVOIR**

Vous serez exonéré d'impôt si ces deux conditions suivantes sont remplies :

- Vous louez une ou plusieurs chambres d'hôtes.
- L'ensemble des loyers encaissés ne dépasse pas 760 € par an (seuil pour l'année 2020).

Comme pour les meublés classiques de longue durée, les loyers perçus doivent être déclarés dans la catégorie des bénéfices industriels et commerciaux (BIC). En fonction du montant des loyers et charges, vous pouvez opter soit pour le régime forfaitaire, soit pour celui du réel.

Dans le cas du régime forfaitaire, les revenus locatifs sont déclarés sur le formulaire 2 042 C PRO, case « 5ND » pour les locations saisonnières classiques, case « 5NG » pour les locations saisonnières classées.

Pour une location saisonnière classique, vous bénéficiez automatiquement, sans formalité particulière :

- du régime forfaitaire si vos recettes ne dépassent pas 72 600 € par an (en 2020) ;
- d'un abattement forfaitaire de 50 % sur les recettes, ce qui signifie que seuls 50 % de vos loyers et charges sont réintégrés à vos autres revenus annuels, puis imposés selon votre taux marginal d'imposition.

Si vous louez des gîtes ruraux, des locations classées « meublés de tourisme » ou des chambres d'hôtes, vous bénéficiez d'un régime fiscal plus avantageux :

- vous relevez du régime forfaitaire si vos recettes ne dépassent pas 176 200 € par an (en 2020) ;
- vous bénéficiez d'un abattement forfaitaire de 71 % sur les recettes, ce qui signifie que seuls 29 % de vos loyers et charges sont réintégrés à vos autres revenus annuels, puis imposés selon votre taux marginal d'imposition.

**EN PRATIQUE**

Vous louez votre résidence secondaire sur la Côte d'Azur et percevez, pour l'année, 8 000 € de loyers et charges. Vous serez imposé :

- sur (8 000 x 50 %) = 4 000 € à réintégrer dans vos revenus annuels s'il s'agit d'une location saisonnière « classique » ;
- sur (8 000 x 29 %) = 2 320 € à réintégrer dans vos revenus annuels s'il s'agit d'une location saisonnière classée « meublé de tourisme ».

## Le statut de LMP (loueur en meublé professionnel)

Ce statut offre de nombreux avantages, mais nécessite de remplir certaines conditions.

### Les conditions

Deux conditions doivent être remplies pour bénéficier du statut de loueur meublé professionnel :

1. Les recettes annuelles (loyers et charges) doivent dépasser 23 000 € TTC par an. Notez que, dans le cas d'une location commencée en cours d'année, le plancher des recettes est réduit au *prorata temporis*.
2. Ces recettes doivent être supérieures au montant total des autres revenus d'activité du foyer fiscal (salaires, BIC...). Autrement dit, elles doivent représenter au moins la moitié des recettes.

**À SAVOIR**

Depuis la loi de finances de 2020, la condition d'inscription au registre du commerce a été abandonnée. Par conséquent, dès que vos revenus fonciers dépassent 23 000€ et représentent plus de la moitié des revenus du foyer fiscal, vous passez automatiquement en statut LMP.

## Les avantages

Le statut de loueur en meublé professionnel (LMP) est clairement plus intéressant que celui de loueur en meublé non professionnel (LMNP) sur certains points puisqu'il procure plusieurs avantages au bailleur s'il choisit le régime du réel plutôt que le régime forfaitaire :

- Lorsque ses recettes sont inférieures aux charges, le LMP peut imputer son déficit sur le revenu global du foyer fiscal (pendant 6 ans). Avec le statut LMNP, vous ne pouvez le faire que sur les simples revenus issus de vos locations meublées.
- En tant que LMP, vous pouvez profiter d'une exonération totale des plus-values si vos loyers sont inférieurs au seuil de 90 000 €/an au cours des 2 années civiles précédentes et si l'activité de location est exercée depuis plus de 5 ans. Le bailleur sous statut LMNP doit attendre 30 ans pour bénéficier d'une exonération totale.
- S'il est éligible au paiement de l'IFI, le LMP est exonéré du paiement de ce nouvel impôt, contrairement au LMNP.
- Dans le cas d'une transmission de patrimoine, un bailleur sous statut LMP bénéficie de conditions avantageuses dont une réduction des droits de succession que doivent régler ses enfants.

**LE BON CONSEIL**

Au même titre que pour le statut de LMNP, l'assistance d'un expert-comptable ou d'un centre de gestion agréé est quasiment indispensable pour satisfaire à vos obligations comptables.

À noter toutefois qu'à l'occasion du projet de loi de financement de la Sécurité sociale, Les loueurs en meublé professionnel vont donc devoir payer des cotisations sociales en lieu et place des prélèvements sociaux.

# 4. LE CAS PARTICULIER DE L'IMPÔT SUR LA FORTUNE IMMOBILIÈRE (IFI)

À la suite à la loi de finances de 2018, l'impôt de solidarité sur la fortune (ISF) est devenu l'impôt sur la fortune immobilière (IFI). L'idée est de réformer l'ISF pour promouvoir l'investissement dans les entreprises.

Jusqu'à présent, les plus fortunés déclaraient l'intégralité de leur patrimoine à l'ISF, que ce soit leur épargne, leur maison principale, leur résidence secondaire, mais aussi leurs biens de luxe comme les voitures, les yachts ou les chevaux de course.

L'IFI est allégé pour les plus fortunés. Ne sont plus pris en compte les actions, les assurances-vie, les produits financiers ou autres produits de luxe. Seul le patrimoine immobilier est désormais taxé.

## Quand s'applique-t-il ?

Dès que vous aurez appliqué tous les conseils de cet ouvrage, il se peut que vous soyez assujetti à l'IFI ! Vous êtes soumis à cet impôt dès que la valeur nette du patrimoine immobilier (après déduction des dettes) de votre foyer fiscal est supérieure à 1,3 million d'euros (valeur 2020).

Celui-ci comprend tous les biens et droits immobiliers détenus directement et indirectement au 1er janvier. Certains biens sont partiellement ou totalement exonérés. Certaines dettes peuvent être déduites de la valeur de votre patrimoine avant imposition.

L'ensemble des biens détenus par toutes les personnes composant le foyer fiscal est pris en compte, y compris ceux des enfants mineurs.

La déclaration d'IFI est une photographie du patrimoine du redevable au 1er janvier de l'année de paiement de l'IFI (et non au 31 décembre).

L'IFI concerne tous les biens composant votre patrimoine :
- les maisons, appartements et dépendances (garages, caves...) ;
- les bâtiments classés monuments historiques ;
- les immeubles en cours de construction au 1er janvier 2020 ;

- les terrains à bâtir et les terres agricoles ;
- les immeubles ou fractions d'immeubles représentés par des parts de sociétés immobilières de copropriété.

**À SAVOIR**

La résidence principale fait l'objet d'un abattement de 30 % sur sa valeur au 1er janvier 2020.

Le montant de cet impôt s'appuie sur le barème suivant.

| FRACTION DE LA VALEUR NETTE TAXABLE DU PATRIMOINE | TAUX APPLICABLE |
|---|---|
| Jusqu'à 800 000 € | 0 % |
| Entre 800 001 € et 1,3 million € (inclus) | 0,5 % |
| Entre 1,3 million € et 2,57 millions € (inclus) | 0,70 % |
| Entre 2,57 millions € et 5 millions € (inclus) | 1 % |
| Entre 5 millions € et 10 millions € (inclus) | 1,25 % |
| Au-delà de 10 millions € | 1,5 % |

**LE BON CONSEIL**

Il est possible d'estimer la valeur d'un bien immobilier en utilisant le service en ligne Patrim, accessible sur l'espace personnel du télédéclarant.

Il est à noter que certains placements liés à l'immobilier sont également à déclarer au titre de l'IFI.

## Quelles sont les exonérations ?

Des exonérations totales ou partielles sont prévues, sous certaines conditions, pour :

- les immeubles utilisés pour votre activité professionnelle ;
- les bois et forêts sous engagement d'exploitation ou à usage professionnel, les parts de groupements forestiers (à hauteur de 75%) ;
- les biens ruraux loués à long terme ou à usage professionnel (terrains agricoles, bâtiments et matériels d'exploitation) ;
- les logements loués meublés sous le régime fiscal du loueur en meublé professionnel.

## Quelles sont les dettes déductibles ?

Pour le calcul de la valeur nette de votre patrimoine imposable au 1er janvier 2018, vous pouvez déduire un certain nombre de dettes, à condition de pouvoir les justifier. Font notamment partie des dettes déductibles celles relatives :

- à l'acquisition de biens ou droits immobiliers imposables (emprunts immobiliers) ;
- au paiement des travaux d'amélioration, de construction, de reconstruction ou d'agrandissement ;
- à l'acquisition des parts ou actions, au prorata de la valeur des biens et droits immobiliers imposables ;
- au paiement des travaux d'entretien effectivement supportés par le propriétaire ou supportés par le propriétaire pour le compte du locataire mais dont il n'a pu obtenir le remboursement au 31 décembre de l'année de départ du locataire ;
- au paiement des impôts dus à raison des propriétés concernées (par exemple : taxe foncière). En revanche, les impositions incombant à l'occupant (comme la taxe d'habitation) ne sont pas déductibles. La part de votre impôt correspondant aux revenus de vos biens immobiliers (exemple : revenus fonciers) n'est pas non plus déductible.

**ATTENTION**

Tout contribuable imposable à l'IFI peut être tenté de sous-évaluer un bien immobilier. Il s'agit là d'une mauvaise tactique. En effet, en cas de vente, de don ou après un décès, la valeur vénale réelle apparaîtra et pourra entraîner un redressement.

# CONCLUSION

La préparation de votre voyage au travers des différentes étapes destinées à se construire un patrimoine immobilier est terminée. Nous vous avons livré toutes les clés pour réussir votre projet d'investissement immobilier. Tous les éléments présentés dans ce livre sont issus de notre propre expérience et de nos observations. Même s'il ne s'agit pas d'une science exacte, en suivant notre méthode et nos conseils, vous mettrez le maximum de chances de votre côté pour que votre projet soit couronné de succès.

Bien souvent, lorsqu'on investit pour la première fois, on a des doutes et on éprouve des craintes ! Il est vrai que les sommes en jeu sont importantes et que la durée des prêts contractés engage sur de longues années. Nous aussi sommes passés par ces doutes et ces craintes, car nous ne détenions pas de patrimoine immobilier, et nous avons finalement réussi et atteint notre but. Alors, profitez de notre expérience et de nos conseils pour gagner un temps précieux et rappelez-vous qu'en termes d'investissement, le temps perdu ne se rattrape jamais.

Nous avons ouvert cet ouvrage avec une citation de Théodore Roosevelt, nous allons le refermer avec celle d'un autre membre de cette illustre famille américaine, lui aussi président, Franklin Delano Roosevelt : « *L'immobilier ne peut pas être perdu ou volé, et il ne peut pas être emporté. Acheté avec bon sens, payé en totalité, et géré avec raison, il est le placement le plus sûr du monde.* »

Il se peut que vous ne parveniez pas, immédiatement et facilement, à franchir toutes les étapes de votre projet d'investissement. C'est sans doute parce que, même si vous possédez la technique, vous avez encore à effectuer un travail sur vous-même pour passer à l'action. Cette étape est généralement la plus difficile à franchir : sortir de sa zone de confort pour passer à l'action et réaliser son projet requiert, pour la plupart d'entre nous, un effort. À titre d'encouragement, retenez cette phrase de Winston Churchill : « *Un pessimiste voit la difficulté dans chaque opportunité, un optimiste voit l'opportunité dans chaque difficulté* » Appliquez-la et ne reculez pas devant les obstacles si vous souhaitez atteindre les objectifs que vous vous êtes fixés.

Nous espérons vous avoir convaincus que le moment est venu de passer à l'action et de vous lancer dans l'aventure. Vous avez mieux cerné le type d'investissement le plus approprié à votre situation, vous savez comment négocier, comment convaincre votre banquier, comment éviter les pièges et comment gérer vos biens immobiliers.

Le complément de revenu qui va résulter de votre investissement vous permettra soit de réaliser de nouveaux projets en intégrant le cercle vertueux de l'investissement immobilier, soit de vous garantir une retraite plus confortable qui profitera à toute votre famille, soit encore de d'assurer votre indépendance financière.

La crise sanitaire de 2020 a démontré que nos habitudes et modes de vie pouvaient être complètement remis en question. Il est donc essentiel de pouvoir réagir à des bouleversements sociétaux de ce type.

Désormais avec toutes ces cartes en main et ce livre en guise de boussole, vous voici prêt à vous orienter dans votre aventure.

Vous ne pouvez plus reculer, vous ne DEVEZ plus reculer.

Alors, à vous de jouer !

# ANNEXES

## Grille de cotation d'un bien immobilier

| LISTE DES POINTS À VÉRIFIER DANS LE CAS D'UN BIEN D'HABITATION | |
|---|---|
| Surface Carrez | |
| Nombre de chambres | |
| Nombre de salles de bains | |
| Qualité du bien | |
| Luminosité | |
| Calme | |
| Terrasse | |
| Proximité des commerces | |
| Proximité des écoles | |
| Proximité des crèches | |
| Proximité des transports en commun | |
| Proximité des accès aux grands axes | |
| Belle vue | |
| Cave | |
| Sous-sol | |
| Garage/Parking | |
| Bien à rafraîchir ou à rénover | |
| Année de construction | |
| Montant de la taxe foncière | |
| Montant de la taxe habitation | |
| Rentabilité brute si le bien est loué | |
| Diagnostics :<br>- amiante, si le permis de construire a été délivré avant le 1er juillet 1997 ;<br>- plomb, si l'immeuble date d'avant le 1er janvier 1949 ;<br>- termite, si le bien est situé dans une zone déclarée infestée ;<br>- gaz, si l'installation au gaz est individuelle et a plus de 15 ans ;<br>- électrique, si l'installation a plus de 15 ans ;<br>- performance énergétique (DPE) ;<br>- état des risques naturels et technologiques ;<br>- assainissement à partir du 1er janvier 2011 ;<br>- présence ou non de mérule pleureuse dans le bâtiment ;<br>- état d'exposition au radon ;<br>- information sur les nuisances sonores et aériennes. | |

**LE BON CONSEIL**

N'hésitez pas à acheter un télémètre laser pour mesurer vous-même les différentes superficies. Les mauvaises surprises ne sont malheureusement pas rares.

Quelques points plus spécifiques à un appartement doivent être ajoutés. Les voici.

| LISTE DES POINTS À VÉRIFIER DANS LE CAS D'UN APPARTEMENT | |
|---|---|
| Ascenseur | |
| Quel étage sur combien d'étages au total | |
| Standing du bien | |
| Balcon | |
| Parking/Box | |
| Parties communes rénovées | |
| Ravalement de façade récent | |
| Montant des charges de copropriété | |
| Double orientation Est/Ouest | |
| Vue sur cour sombre | |
| Vis-à-vis de moins de 10 m | |
| 1er étage avec commerce ouvert tard | |

Voici quelques points plus spécifiques à une maison, qui doivent être rajoutés.

| LISTE DES POINTS À VÉRIFIER DANS LE CAS D'UNE MAISON | |
|---|---|
| Nombre de niveaux | |
| Nombre de murs mitoyens | |
| Surface du terrain | |
| Surface habitable encore constructible | |
| État de la toiture | |

Les biens commerciaux, du fait de leur nature très particulière, requièrent une grande vigilance sur des points totalement différents des biens d'habitation. En particulier, le propriétaire de murs commerciaux est responsable, selon l'article 606 du Code civil, du « clos et du couvert ».

| **LISTE DES POINTS À VÉRIFIER DANS LE CAS D'UN LOCAL COMMERCIAL** | |
|---|---|
| Localisation du bien (*emplacement n° 1 ?*) | |
| Type de commerce | |
| Libre ou loué | |
| Si libre, quel type de commerce était exercé avant et depuis combien de temps le bien est-il en vacance locative ? | |
| Type de bail si loué :<br>- dérogatoire<br>- 3-6-9 | |
| Prise en charge de certains travaux par le locataire | |
| Prise en charge de la taxe foncière par le locataire | |
| Rentabilité brute | |
| Ancienneté du bail | |
| Modalités d'augmentation du loyer. Indexation sur l'ILC (Indice loyers commerciaux) ? | |
| État des murs :<br>- traces d'humidité ;<br>- microfissures ou faïençage (*inférieur à 1 mm*) ;<br>- fissures (une fissure en forme d'escalier qui suit les parpaings est en général le signe d'un défaut structurel) ;<br>- enduit qui sonne creux. | |
| État de la toiture :<br>- charpente ;<br>- présence ou non d'un film sous les tuiles ;<br>- nature et âge des tuiles (le but est de vérifier la porosité des tuiles) ;<br>- état des gouttières. | |

## 24 critères fondamentaux à vérifier lors de la sélection du dossier d'un éventuel locataire

***Contrôles de cohérence des pièces du dossier :***

1. Les bulletins de salaire ou justificatifs de retraite sont les trois plus récents disponibles à la date d'effet du bail.
2. Les documents sont paraphés et signés à chaque page : contrat de location, état des lieux, attestation de l'employeur, contrat de travail, acte de caution solidaire…
3. L'orthographe des nom et prénom, le numéro de Sécurité sociale et l'adresse du locataire sont identiques sur tous les documents.
4. Dans le contrat de travail ou l'attestation de l'employeur de moins de 30 jours, on peut retrouver le type de contrat, la fonction, le salaire net ou brut, la date d'entrée, la présence de l'en-tête et du cachet de l'entreprise, la durée de la période d'essai et l'absence de préavis de licenciement.
5. Les bulletins de salaire ne contiennent pas de saisie, d'avis à tiers détenteur, d'opposition, d'avance ou de retenues.
6. Les zones « cumuls » des fiches de paie augmentent de mois en mois du montant des salaires.
7. L'avis d'imposition ne contient pas de majoration.
8. La situation de famille du locataire est cohérente entre l'avis d'imposition et la fiche locataire, en particulier le nombre de parts.
9. Si le candidat était déjà locataire, vous avez reçu une copie de sa précédente taxe d'habitation et de son assurance habitation.
10. Les nom, adresse et numéro SIRET de l'entreprise employeur sont identiques sur tous les documents.
11. Le niveau du salaire est cohérent par rapport au poste et à l'ancienneté.
12. Le montant déclaré dans l'avis d'imposition est cohérent par rapport aux bulletins de salaire.
13. Le numéro de Sécurité sociale est cohérent. Il doit commencer par 1 pour un homme et 2 pour une femme, suivi de l'année, du mois et du département de naissance (par exemple, 1671275xxxxxx pour un homme né en décembre 1967 à Paris).

***Contrôles généraux :***

14. Si le locataire exerce une profession indépendante ou commerciale, les revenus des deux derniers avis d'imposition proviennent de la même activité que celle exercée au moment de la signature du bail.
15. Vous avez demandé et vu les originaux des justificatifs du (des) locataire(s) et de la caution solidaire le cas échéant.
16. Le bail contient une clause résolutoire et une clause de solidarité s'il s'agit d'une colocation.
17. La caution solidaire a rempli de manière manuscrite et signé son acte de caution en votre présence.
18. Pour la souscription d'une assurance loyers impayés, vous avez tous les documents requis dans le dossier locataire.
19. Le locataire a des revenus nets supérieurs à trois fois le montant du loyer charges comprises, est en CDI, et n'est ni en période d'essai ni en période de préavis de licenciement.
20. Les allocations prises en compte sont versées depuis une période supérieure à 12 mois suivant la signature du bail.

***Contrôles Internet :***

21. Vous avez vérifié le numéro de téléphone et le nom du locataire (les saisir sur www.google.fr).
22. Vous avez retrouvé le numéro de téléphone et l'adresse de l'employeur (saisissez le nom de l'entreprise et son département ou sa ville sur www.google.fr, www.pagesjaunes.fr, www.societe.com...).
23. Vous avez fait une recherche de cohérence entre le nom du locataire et celui de son employeur.
24. Vous avez vérifié sur www.infogreffe.fr que l'entreprise existe, son numéro de SIRET, son adresse à la date du contrat de travail et si elle n'a pas été radiée.

# INDEX

*Dépôt légal : mars 2021 – N° éditeur : MAGSI20191384*

*Achevé d'imprimer en février 2021 en France par Présence Graphique en France - Monts*

PEFC 10-31-2677